회복적 생활교육 센터

–1995년에 설립된 (사)좋은교사운동은 초,중,고등 학교에 근무하는 4,100여 명의 현직 교사들로 구 성된 교육부 소속의 사단법인으로 교육 실천 운동 을 통해 우리 교육을 새롭게 하며, 교사들의 전문 성을 향상시키기 위한 교육 운동을 하고 있다.

–(사)좋은교사운동의 교육실천 운동 중 하나인 '회 복적 생활교육'은 기존 생활지도 방식의 새로운 대안으로 학교와 교실 안에서의 관계성과 공동체 성을 회복하고 평화로운 학교 문화를 만들고자 하 는 교육실천이다.

–회복적생활교육센터는 갈등이 인간 삶의 자연스 러운 현상이며, 갈등을 배움과 성장의 기회로 삼 고자 갈등 전환을 위해 '공동체가 둘러 앉아 대화 하는 장'을 열고 초대한다. 인간의 빛과 어둠의 본 성을 이해하고, 어둠을 없애기 위한 노력에 앞서 빛을 확장하는 선순환을 하고자 한다.

회복적 정의를 어떻게 배울 것인가?

놀이와 활동으로 회복적 정의 만나기

린지 포인터, 캐틀린 맥고이, 해일리 파라

안은경 옮김

정의와 평화 실천 시리즈
회복적 정의를 어떻게 배울 것인가?

지은이	린지 포인터, 캐틀린 맥고이, 해일리 파라
옮긴이	안은경
초판	2021년 4월 9일

펴낸이	배용하
책임편집	배용하
등록	제364-2008-000013호
펴낸곳	도서출판 대장간
	www.daejanggan.org
등록한곳	충남 논산시 매죽헌로 1176번길 8-54, 101호
대표전화	전화 041-742-1424 전송 0303-0959-1424
분류	회복적정의	교육학	학교
ISBN	978-89-7071-554-4 13330

값 9,000원

차례

사회정의와 평화운동의 시작점

김한나
인천공립학교 영어교사

이 책의 매 페이지를 넘길 때마다 갈등 전환 석사과정 중 역자
와 함께 고민하며 나눴던 파워, 정체성, 비판적 페다고지, 그리고
회복적 실천에 관한 대화들이 스쳐 지나갔다.

사회의 구조적 억압을 변혁하고, 교실 속 관계 회복의 교차성을
이론적으로 설명한 것은 물론 구체적인 교실에서의 실천 방법으로
풀어낸 책이 한국에 소개되어 가슴이 설렌다. 이 책이 한국의 회복
적 교육 운동이 사회정의와 평화운동으로 확장되는 중요한 시작점
이 될 수 있기를 기대해본다.

"대화는 객체를 주체로 변화시킨다."

– 파울로 프레이리 –

　이 책은 개인적으로 반가운 책이다. 회복적 교육의 철학을 엮어 낸 『회복적 교육』에 이어 구체적으로 이를 펼쳐낸 '회복적 정의 페다고지' 내용을 담고 있고, 석사 과정 중 공동체와 함께 고민하고 대화하고 경험했던 '이론'과 '실천'들이 녹아져 있는 책이기 때문이다.

　책을 번역하며 여러 얼굴들이 떠올랐다. 그녀의 책과 그녀가 출현한 유튜브로 수없이 만났던 벨 훅스의 얼굴, 놀이와 활동은 아이스브레이크나 흥미를 유발하기 위한 보조제가 아니라 배움 그 자체라 말하며, 활동 중심으로 트라우마와 회복 워크샵을 이끌어 갔던 케이티의 얼굴, 트라우마와 회복 수업에서 인종차별문제를 주도적으로 다루는 백인 교수 앞에서 "피곤하다"며 자리를 박차고 나갔던 탈리바의 얼굴도 떠올랐다.

이 책이 가져다 주는 선물을 회복적 교육에 대한 고민과 실천을 함께 나누는 나의 공동체 좋은교사 회복적 생활교육센터와 한국의 회복적 실천가, 교육자와 나누고 싶다. 원고를 꼼꼼하게 읽으며 보다 가독성 좋은 글로 다듬어준 김은영, 천고운 선생님에게 감사하다. 석사과정 중 늘 밤마다 학교 커뮤니티에서 배우고 경험한 것을 대화했던 내용의 책이 나온 것이 반가워 추천사를 부탁했는데, 흔쾌히 수락해 준 김한나 선생님에게도 감사를 전한다.

포스트 코로나 19 시대에 회복적 실천가이자 교사인 나는 잠시 비틀거렸다. 무력하고, 지금까지 해왔던 방법이 작동할 수 있을 지에 대한 의구심이 들었다. 하지만, 시간이 흐를 수록 정의롭고 평화로운 관계와 대화, 공동체를 추구하는 이 운동이 그 어느때보다 이 시대 가운데 긴요함을 느낀다. 이 책이 본질을 붙잡고 회복과 희망의 연대를 꿈꾸는 이들을 새로운 성찰과 질문, 용기 있는 대화로 초대할 수 있기를 바란다.

회복적 정의의 가치를 따르는 실천가

우리는 "놀이와 활동 중심의 회복적 정의 페다고지"가 한국어로 번역되어 매우 감사하다. 이 책이 한국과 한국을 넘어 회복적 접근의 확장에 기여하는 데 유용하게 쓰이기를 바란다.

이 책을 회복적 실천가이자 교육자인 우리가 회복적 정의를 그 가치에 따라 가르치고, 이를 위한 대화의 장이 지속적으로 펼쳐지기를 기대하는 마음으로 썼다. 우리는 이 일을 하며, 놀이와 활동이 교육적인 공간에 이미 스며들어 변혁적 배움의 가능성을 약화시키는 위계적인 힘의 구조를 허무는 것을 보았다. 학습자와 교사가 놀이와 활동을 통해 친해지고, 서로의 관점과 생각을 배울 수 있는 의미 있는 대화를 촉진시킬 수 있을 발견했다. 회복적 배움의 공간에서 학습자는 매우 중요한 경험을 한다. 회복적 가치를 자신의 삶의 경험을 통해 진정성 있게 내면화할 수 있다.

이 책은 2020년에 발간되었다. 우리는 여전히 새로운 놀이와 활동을 개발중이며, 홈페이지인 www.RestorativeTeachingTools. com에 매달 소식지를 통해 새로운 놀이와 활동을 게시하고 있다. 홈페이지를 통해 세계 곳곳의 회복적 실천가와 공동체로부터 보다 다양한 단계의 회복적 놀이와 활동에 대한 필요를 듣는다. 이제 이 책을 통해 한국의 회복적 실천가와 공동체와 더 잘 연결될 수 있게 되었다. 여러분들과 더 깊이 연결되는, 보다 큰 지지와 나눔의 서클 이 펼쳐지기를 기대한다. 홈페이지에서 여러분과 대화하며 보다 더 연결되기를 고대한다.

2021년 2월 19일
린지 포인터와 캐틀린 맥고이

1장. 도입

당신은 수업이나 연수에서 중요한 주제에 대해 토론하며 신났던 경험이 있는가? 이와 반대로 강연자가 파워포인트를 이용해 길게 강의한 후, 구조적으로 짜임새 있는 질문 없이 그저 "질문 있나요?, "하실 말씀 있나요?"라는 말로 끝내는 강의를 들어 본 적이 있는가? 소수의 정해진 사람만 질문하고 답하고, 나머지 사람들은 침묵하는 수업을 경험해 보았는가?

진행자가 민감한 주제를 다루는 수업이나 연수에서 학습자 간의 관계가 형성되거나 신뢰와 존중어린 대화방식을 구조화하기 전에 만나자마자 주제에 대해 다룬 경험이 있는가? 수업에서 본인이나 다른 누군가가 소외되거나 수치심을 느끼거나 오해나 공격을 받는다고 느낀 적이 있는가?

수업이나 연수를 받는 동안 활동에 적극적으로 참여하며 다른 학습자들과 신뢰와 관계를 쌓고 배움이 끝난 이후에도 만족감과 연결감을 느꼈지만, 배우는 동안 중요하고 의미 있는 주제를 다루지 못했다 느꼈던 적이 있는가? 학습자들의 지지를 받으며 열린 대화를 바랐던 적이 있는가?

　　다음에 제시하는 세 가지 상황을 우리 대부분이 한 번쯤은 경험했을 것이다. 첫번째는 배움의 과정에서 관계와 신뢰 쌓기를 생략해 안전한 공간이 창조되지 않아 꼭 다뤄야 할 주제를 다루지 못하는 상황이다. 두번째는 배움의 과정이 촘촘하게 구조화되지 않아 중요한 주제에 대해 서로 이야기를 나눌 기회를 놓친 상황이다. 이 경우 서로의 관점과 경험을 서로에게 배울 수 있는 기회를 잃는다. 세번째는 앞에서 언급한 두 가지 상황이 동시에 일어나는 것이다. 회복적 정의 공동체는 관계 세우기와 존중에 기반한 대화, 모두의 목소리가 동등하게 들리는 목표를 지향하지만, 이를 배우는 배움의 공간이 위에서 언급한 덫에 자주 걸린다. 덫에 걸리면, 연결되고 용기있고 정직하게 권한을 부여하는 배움을 경험하지 못한다.

　　놀이와 활동 중심 배움으로 이러한 어려움을 해결할 수 있다. 놀이는 상호적이고 재미있다. 놀이를 통해 공동체는 자연스럽게 관계를 쌓아간다. 놀이를 통해 편안함과 신뢰를 쌓은 학습자들은 어려운 주제를 존중 어린 마음으로 대화할 준비를 갖춘다. 놀이를 통한 공동의 경험은 학습자들이 중요한 대화를 모두가 모두에게 배우는 방식으로 시작할 수 있도록 돕는다. 교사와 학습자는 배움 후 힘을 받고, 정보를 얻고, 배움의 과정에 기여했다고 느낀다. 우리는 이 책을 통해 당신이 이와 같은 교수법을 실험할 수 있도록 용기를 불어넣고 싶다. 이 책의 놀이가 당신에게 통찰력을 주고, 실제로 해 볼 수 있는 활동이 되기를 바란다. 웃음과 재미보다 영향력 있는 배움의 공간을 준비하는 데 도움이 되기를 바란다.

이러한 가르침의 기술이 회복적 정의교육에 필요한 이유

사회적 기관은 대개 기존 사회 힘의 구조를 강화하는 데 일조한다. 사회에서 이미 목소리를 내는 사람들의 의견을 강화하고, 목소리를 내지 못하는 사람들의 소리는 더 소외시킨다. 이러한 예를 일반적 사법 체제 내에서 잘 볼 수 있다. 법정에서 판사와 변호사의 목소리와 관점, 의견이 피해에 책임이 있는 당사자와 피해를 입은 당사자보다 구조적으로, 과정적으로 더 중요하게 여겨진다. 법조계에 종사하는 사람들의 다양성이 서서히 커지고 있으나, 경제적으로 부유하고, 백인인 법 전문가의 목소리를 그렇지 않은 비백인 종사자의 목소리보다 더욱 중요시하고, 관심을 가지며 그들의 목소리를 듣는 데 더 많은 시간을 할애한다. 이는 사법적 정의 시스템에 존재하는, 유색인종에게 불이익을 주는 인종차별을 강화한다.

회복적 정의 운동은 다양한 방면에서 이러한 위계 질서를 허물 수 있다. 서클과 컨퍼런스역주: 서클과 달리, 일어난 일과 직접적으로 관련된 당사자만 참여와 같은 대화모임에서 참여자 모두의 목소리, 이야기, 관점이 동등하고 중요하게 여겨지는 사회적 공간이 창조되기 때문이다. 비록 이러한 원리가 회복적 절차의 모든 과정에서 적용되지는 않지만 당사자가 대화모임에 참여할 때 권력과 억압이 가시화되고 집중되는 공간에서 해방되는 경험을 할 수 있다. 그러나 현 회복적 정의 절차는 기존의 지배체제와 특권을 해체하는데 실패했다고 자주 비판을 받는다. 특별히 데이비드 딕은 회복적 정의 분야의 주 활동 주체가 백인, 중산층 교수들이며 개인적 책임과 대인 관계 내의 중재에 초점을 맞춰온 결과 회복적 정의 분야가 보다 넓은 환경적 요소와, 타자를 착취하는 사회적 구조의 영향을 등한시하는 결과를 낳았다고 비판한다.[1] 파냐 데이비스는 회복적 정의 운동이 성공하기 위해서는 대인관계 간 피해 회복을 넘어 반드시 사회역사적 조건과 기관이 가하는 피해를 회복해야 한다고 주장한다.[2] 예를 들어, 학교가 학생의 잘못된 행동을 개인적인 사건으로만 여기며 접근하고, 백인학생보다 유색인종 학생에게 불리한 학교 정책과 방침을 개혁하지 않으면 그 회복적 접근은 실패한 것이다. 회복적 교육 운동은 무관용 정책과 백인 학생에 비하여 상대적으로 높은 흑인 학생의 정학율과 퇴학율, 경찰이 상주해 학생의 행동을 범죄화 하는 관행을 비판해야 한다.

사회적 불평등이 야기하는 구조적 폭력은 회복적 정의 관점에서 긴급하게 다뤄야 할 영역이다. 범죄가 유발된 배경에는 사회적 불평등으로 인한 경우가 많기에 회복적 정의 운동가는 사회구조적 폭력을 유발하는 조건을 명시하는 데까지 그 역할을 확대하고 사회 기관에서 일하거나 기관과 협력할 때 회복적 가치를 유지하는 것이 중요하다.

교육자는 지배적 논리가 배움의 과정에서 공고화되는 것에 대한 죄책감이 있다. 이는 학교 기관부터 지역사회 연수까지 여느 교육적 공간에서나 마찬가지다. 이미 힘을 가진 사람의 목소리는 강화되고 목소리를 내지 못하는 존재의 목소리는 들려지지 않기 때문이다. 균형이 깨진 힘은 배움의 공간을 넘어 더 넓은 사회구조 안 위계 질서 안에서 유지되고 강화된다. 교육자의 목소리가 학습자의 목소리보다 중시될 때 기존의 위계질서는 강화되고, 학습자는 더욱 침묵하기에 교육을 통해 기여할 수 있는 사회 구조적 변혁은 기대할 수 없게 된다.

회복적 정의를 배우는 공간은 보다 정의롭고 공평한 사회로 나아가기 위한 변혁이 시작되는 성숙한 공간이다. 교육은 오래도록 학습자에게 힘을 부여하고 삶의 생기를 불어넣는 사회변혁의 중요한 모판으로 여겨져 왔다. 사회적으로 소외된 계층에게는 더욱 그렇다. 데이비스는 "미국 흑인들은 노예였던 시절부터 지금까지 교육을 소중한 해방의 수단으로 여겼다."[3]고 말한다. 그녀는 다음과 같이 언급한다.

> 작가이자 교육자인 벨 훅스는 끊임없이 흑인의 해방적 교육
> 전통에 기반해, 교육자들이 식민주의, 인종차별주의에 저항
> 하는 개혁적 페다고지a revolutionary pedagogy를 실천할 수 있
> 도록 열정을 지폈다. 개혁적 페다고지는 비판적 교육학자
> 인 파울로 프레이리가 제시했던 것과 마찬가지로 자유의 실
> 천이다. 성차별, 인종차별과 같이 지배체제가 강화하는 교
> 육과정 및 교육론적 편견에 도전하는 동시에 학습자 집단의
> 다양성을 존중하는 혁신적 방법을 창안하는 교육적 실천이
> 다.[4]

회복적 정의를 가르칠 때 회복적 가치에 기반한 교육론으로 접
근하면 해방적이고 사회변혁적 배움이 가능하다. 모든 학습자의
목소리, 이야기, 관점을 교육자의 것만큼 존중하며 들으면 우리 삶
의 모든 영역에서 영향을 미치는 권력과 특권 시스템이 드러난다.
교육자와 학습자가 모두 개인적으로나 사회적 역할에 따라 갖는
자신의 신념과 편견을 더욱 의식하게 될 것이다. 이를 위해서는 모
두가 동등한 목소리를 낼 수 있는 기회가 필수적인데 놀이와 활동
은 이러한 조건이 가능하도록 학습자에게 기회와 신뢰와 구조를

제공한다.

한 교사 모임에서는 회복적 정의를 놀이와 활동으로 배운다. 놀이와 활동을 통해 학생의 다양한 경험, 배경, 필요를 생각해 볼 기회를 갖고 교사로서의 경험과 자신이 학생이었을 때의 경험을 떠올려 본다. 이 모임에서 교사들은 자신과 타인의 성찰을 통해 배운다. 질문의 예는 다음과 같다.

"내 학창시절 경험 중 나의 내면의 힘을 길러주었던 것은 무엇인가? 나의 존엄을 훼손한 것은 무엇인가? 나의 정체성 때문에 누렸던 특권과 불이익은 무엇인가?"

이러한 질문을 통해 개인적이고 구체적인 경험을 나누며 모호하고 추상적이며 멀게만 느껴지는 구조적 폭력의 실재를 알 수 있다. 비로소 교사들은 제도화된 억압과 내재된 편견이 피해를 발생시키고 이를 영속화시킴을 깨닫는다. 학교 안과 밖에서 깨달음을 나누며 사회정의를 위한 일에 책임감을 느낀다.

이 책을 통해 회복적 정의의 가치에 입각하여 회복적 정의의 개념과 기술을 가르치는 방법을 탐구하고자 한다. 이를 위해 이 책에 놀이와 활동을 실었다. 놀이와 활동은 학습자 모두의 목소리와 관점, 경험이 있는 참여 중심의 배움 공간을 창조하는 데 효과적인 도구이다.

우리 저자 모두는 피해를 주는 사회 권력의 구조 속에서 수혜

를 받은 자들이다. 우리 모두 백인이며, 이성애자이며 시스젠더역
주: 생물학적 성과 사회학적 성이 일치하는 사람들이고, 미국 시민권자이다. 우
리는 미국의 롱몬트, 콜로라도, 뉴질랜드 웰링튼에서 회복적 정의
관련 활동을 하고 있고, 두 국가 모두 상대적으로 부유하며, 백인이
주류인 사회이다. 미국과 세계 곳곳은 제국주의, 백인 우월주의, 자
본주의, 남성 우월주의가 팽배하다. 따라서 우리는 끊임없이 우리
가 가진 특권을 인정하고 이에 책임을 지는 것이 얼마나 중요한지
되새겨야 한다. 배움의 공간에서 우리가 가진 특권이 명시적이거나
비명시적으로 작동하는 것을 알아차리기 위해 워크숍에서의 전달
방법과 결과를 관찰하고 자기성찰을 통해 평가하고 학습자의 피드
백과 비판을 소중히 여긴다. 이러한 배움의 공간을 창조하려면 진
행자의 자각과 성장, 끊임없는 배움이 필수적이다. 따라서 이 책에
이 세 가지 단어가 많이 언급될 것이다. 우리 세 사람도 자각과 성
장, 끊임없이 배우는 작업을 계속하고 있다.

용어에 대하여

이 책의 내용은 회복적 정의를 배울 때나 대학이나 초, 중고등
학교에서 가르칠 때 활용할 수 있다. 용어를 단순 명료화하기 위해
배움의 경험을 촉진하는 사람을 교사 혹은 진행자라고 표현했다.
배움에 참여하고 경험하는 사람은 학생 혹은 학습자라고 표현했

다. 가르침이 일어날 때 교사와 학생의 관계는 단순하게 둘로 나뉘지 않는다. 교사 역시 늘 학생인 것처럼 학생 역시 교사이다. 배움이 일어나는 공간은 교실 혹은 연수training로 썼다

각 장에서 다룰 내용

이 책은 크게 두 부분으로 나뉜다. 2-4장에서 회복적 정의를 교육할 때 놀이와 활동을 활용하는 이유에 대한 이론적 근거를 설명한다. 5~7장에서 회복적 정의를 배우는 활동을 어떻게 구성하고, 진행자로서 어떻게 준비해야 하고, 자신만의 놀이를 창안하는 실제적 지침을 소개한다. 마지막 장에서는 바로 적용할 수 있는 다양한 놀이를 소개한다. 각 장마다 앞 부분에 우리와 동료들이 회복적 정의를 교육할 때 사용한 교수법에 대한 경험을 짤막하게 실었다. 이 이야기는 8장에서 소개하는 놀이와 연결되고, 각 장의 핵심 주제와 연결되어 있다.

2장에서 회복적 가치와 원리를 담은 교육실천방법인 회복적 페다고지restorative pedagogy를 소개한다. 놀이와 활동을 중심으로 회복적 정의를 교육하는 것은 회복적 페다고지에 기반해 있다. 이와 더불어 회복적 페다고지를 통해 교실에서 소외된 목소리에 힘을 부여하면서 힘의 위계질서를 해체하고 배움공동체에 존재하는 인종차별을 없애고 사회정의를 이뤄 간다.

3장에서 경험 중심 배움에 대한 이론과 이 이론이 학습자 모두의 목소리, 관점, 경험이 동등하게 들려지는 배움의 공간과 배움을 삶에 적용하는 것을 중요하게 여기는 회복적 원리와 어떻게 연결되는지 살핀다.

4장에서 회복적 가치에 따라 모든 활동과 시스템, 의사소통 방식이 작동하는 회복적 공동체와 사회 조직에 대한 개념을 살핀다. 회복적 배움공동체에서 놀이와 활동이 회복적 가치를 어떻게 강화시키는지 논의한다.

5장에서 회복적 정의를 보다 전인적으로 가르치는 방법을 제시한다. 이 책을 통해 교육자인 독자가 회복적 가치에 충실하여 자신이 가르치는 학생이 누구인지, 가르치는 자신이 누구인지에 따라 배움의 과정에서 출현하는 복잡한 역동성을 인지하고 이를 이해하며 가르치는 것이 무엇인지 깊게 성찰하도록 안내하고자 한다. 5장은 8장에서 제안하는 활동을 할 때 가르치는 자의 정체성과 배우는 자의 정체성이 만들어내는 역동을 깊이 인식하며 활동을 진행하는 지침guidelines을 제공한다.

6장에서 회복적 정의를 교육할 때 놀이와 경험적 활동을 기획하는 방법을 설명한다. 시나리오를 짜는 방법과 놀이와 활동 후 더 깊은 배움을 위해 효과적으로 성찰하는 방법을 안내한다. 6장에서 우리는 교육 활동을 기획할 때 공동체의 필요에 맞게 진행자가 창조성을 발휘하는 것을 중요하게 여긴다.

　7장에서 활동중심 수업을 설계하는 방법을 설명한다. 2-4장에서 설명한 개념적 틀과 6장에서 설명한 단계별 활동 기획안을 토대로 수업 준비, 설계, 전달방식, 자기성찰의 방법을 총체적으로 안내한다.

　8장에서 교육적 놀이와 활동 진행안과 학습자와 배움을 되돌아보는 활동debrief을 안내한다. 회복적 교육자가 가르칠 수 있는 주제와 기술을 배우는 놀이와 활동을 실었다. 이 책에서 소개하는 놀이와 활동은 대학 강의실에서 공동체를 위한 실천가 양성 프로그램까지 다양한 환경과 다양한 연령대의 학습자와 경험하고 실험했던 것이다. 주로 고등학생, 대학생, 성인을 대상으로 활동을 기획했지만 보다 어린 학습자에게도 활용할 수 있을 거라 기대한다.

2장. 회복적 페다고지[1]

고등학생들과 "상자 탈출"활동113쪽을 할 때다. 한 학생이 농담조로 이렇게 말했다. '우리 팀은 그냥 구글에서 답 찾아볼게요. 구글 찾으면 안 된다는 말 안 했잖아요" 우리는 웃었다. 왜냐하면 과제는 조단이 알렉스의 스케이트를 훔쳐서 생긴 피해를 그의 특성만화 그리기를 좋아하고 웃긴 비디오 영상 만들기으로 어떻게 보상할 수 있는 지에 대해 방법을 찾는 중이었다. 웃음이 잦아들 때, 내가 물었다. "경미한 절도에 대한 콜로라도 처벌법을 구글에서 찾을 수 있을까요?" 학생 모두가 구글을 검색하면 명확한 답을 찾을 수 있을 것이라 말했다. "구글로 검색하면 현행 사법 시스템에 대한 답을 쉽게 찾을 수 있는데, 회복적 정의 접근에 대한 답은 왜 구글 검색으로 찾을 수 없나요?" 이 질문으로 회복적 정의 접근이 현행 사법 시스템과 어떻게 근본적으로 다른지 탐색하는 대화가 풍성하게 펼쳐졌다. 학생들은 회복적 정의는 관련된 일의 당사자와 그들이 경험한 피해를 구체적으로 다룬다고 이야기했다. 서클에서 당사자들이 자신의 강점과 경험을 나누며 집단지성이 출현한다. 집단지성으로 여러가지 요소를 고려해 피해를 회복할 방법을 만든다.

– 린지 포인터

이 이야기는 회복적 실천 방법을 가르칠 때 다른 징계방법과 다르게 접근해야 하는 이유를 알려준다. 다른 징계 방법은 질문에 대한 한 가지 옳은 답이 있지만, 회복적 접근에서는 다양한 '옳은' 반응들이 있다. 회복적 접근에서는 당사자와 당사자의 경험이 징계의 결과에 영향을 미치기 때문이다. 회복적 접근에서는, 회복적 정의를 개개인의 복잡한 세계와 사람들의 삶에 영향을 미치는 사회적 구조와 연관시켜 교육할 수 있는 방법을 찾아야 한다. 그리고 교육에서 우리 모두가 깊이 연결되어 있다는 상호연결성을 경험해야 한다. 회복적 정의가 널리 퍼지고, 회복적 정의를 교육하는 장이 넓어지면서 회복적 정의 연구자와 교육자, 실천가는 다음과 같은 중요한 질문을 하기 시작했다. 회복적 정의를 어떻게 가르쳐야 하는가? 어떤 가르침의 구조와 방법이 회복적 페다고지의 실현을 가능케 하는가?

이 장에서 회복적 페다고지를 소개하고자 한다. 회복적 페다고지란 회복적 정의의 가치와 원리에 따라 가르치는 패러다임이다. 회복적 페다고지는 놀이와 활동 중심으로 교육한다. 우리는 회복적 페다고지가 교실에서 소외된 목소리에 힘을 부여함으로써 힘의 불균형을 해소하고 더 나아가 사회변혁으로 이끌 수 있는지 탐구할 수 있다. 회복적 과정에 참여한 사람들이 자유와 주체성을 경험하는 것처럼 경험중심 배움은 해방적 실천이다.

회복적 가치와 원리에 따라 가르치기

일명 전수법Transmission Model이라 일컫는 전통적 교수법에서는 교사는 주로 강의를 통해 학생에게 지식을 전달한다.[2] 교사는 주로 교실 앞에 서서 강의를 하고 학생들은 강의 내용을 공책에 받아적는다. 파울로 프레이리는 이러한 교육 방식에서 학생은 단지 교사가 주는 지식을 예금처럼 은행에 저장한다 하여 '은행저금식'교육이라 말했다.[3] 이 때 교사는 절대적 권위를 가진 존재이며, 수업 내용, 목표, 결과를 결정한다. 따라서 학생들은 배움에서 수동적인 위치에 머문다.

회복적 관점에서 바라볼 때 은행저금식 교육은 몇 가지 문제점이 있다. 회복적 접근은 동등한 목소리와 모든 목소리를 존중하는 공간을 창조한다. 반면 전통적 교실에서는 교사의 목소리를 가장 중요시 여기기에 위계 질서를 강조한다. 따라서 전통적 교실에서는 학생이 수동적일 수밖에 없는 구조가 형성되며 배움에 순응적인 환경이 만들어진다. 수업에서 성적을 매겨야 할 경우 경쟁 대결 구조도 피할 수 없다. 이 모든 특성은 참여적이며 개별화되어 있고, 협력적인 회복적 과정과 다르다. 적대적 관계와 위계 질서 안에서 수동적으로 처벌을 받는 구조는 일반적으로 사법적 정의 구조이다. 전통적 교수법이 이 구조와 유사성이 많다는 점에 주목해야 한다.

따라서 교사 중심 교수법은 특별한 경우를 제외하고, 회복적 정의를 교육하는 데 적합하지 않다. 회복적 정의를 교육하고 회복적 교육을 실천하는 교실 공간은 회복적 가치와 원리를 실천하며, 공동체를 세워가고 경험하는 것을 추구해야 한다. 벨린다 홉킨스는 '회복적 접근은 페다고지에 영향을 미칠 수 밖에 없다. 회복적 교사가 회복적 가치에 따라 학생을 가르칠 때 학생은 회복적 가치와 태도, 기술을 개발할 수 있다."고 말한다.[4]

회복적 가치와 세계관으로 어떻게 회복적 페다고지를 구현할 수 있을까? 회복적 세계관은 사람을 태생적으로 관계적인 존재로 본다. 사람은 타자와 환경과 긴밀하게 연결된 존재이다.[5] 이 세계관의 핵심 가치는 존중, 책임, 참여, 자기 결정, 비폭력, 겸손, 신뢰, 변혁이다. 회복적 정의 운동의 사명은 회복적 세계관과 핵심 가치로 사람을 바라보고 대하며, 사회구조에 이 세계관과 핵심 가치가 작동하도록 개인과 사회를 변혁하는 것이다. 회복적 정의를 가르치는 방식으로 이 운동에 더욱 기여할 수 있다. 따라서 회복적 교육자는 스스로 다음과 같은 질문을 해야 한다. 회복적 가치를 공유하고 강화할 수 있는 배움 구조는 무엇인가? 교사와 학생 모두의 관점을 존중하기 위해 무엇을 할 수 있는가? 공감 능력을 키우는 교육을 어떻게 구현할 수 있을까?

해방을 위한 교육 Education as a Liberatory Practice —
비판적 페미니스트 페다고지 | Critical and Feminist Pedagogies

회복적 페다고지는 최근 몇 십 년간 주목을 받고 있는 페다고지의 새로운 패러다임과 연결된다. 이 패러다임에서는 교육 공간에서 학생이 교사와 함께 지식을 구성하고, 힘을 공유하며 함께 배운다. 이에 따라 관계도 함께 성장한다. 이 패러다임은 파울로 프레이리의 저서와 비판적 페다고지에서 출발했다. 프레이리가 주창한 '해방 교육liberating education'은 학생이 지배받는 억압 상황을 인식하고 직면하여 이를 변혁하기 위해 행동할 수 있도록 돕는다.[6] 또, 비판적 페다고지에서 학생과 교사는 의미있는 대화를 통해 서로에게 배우게 되는데, 이는 보다 민주적이고 공평한 사회를 만든다.

학생과 교사의 대화는 비판적 페다고지의 핵심 요소이다. 대화를 통해 전통적 교수법에 내재한 위계 질서가 흔들리고, 배움의 과정에서 모든 구성원이 힘을 기른다. 프레이리는 "대화가 중심인 교실에서 가르치기만 하는 교사the teacher-of-the students와 배우기만 하는 학생students-of-the teachers은 더 이상 존재하지 않는다. 교사이지만 배우는 자teacher-student와 학생이지만 가르치는 자 student-teachers가 존재한다"고 말한다.[7] 교사와 학생은 배움의 모든 과정에 참여하고 책임을 공유하며 계속해서 성장해 간다.

페미니스트 페다고지는 비판적 페다고지가 진화된 형태이다.

페미니스트 페다고지는 젠더, 인종, 성적지향, 나이, 국적과 같은 정체성에 주목하며 비판적 페다고지를 확장한다. 벨 훅스는 비판적 페미니스트 페다고지를 주창하며 교실에서 공동체를 세워가며 학생들을 진정으로 알아가는 시간이 중요하다고 말한다. 훅스의 교실에서는 모든 존재가 개별적 존재로 인식되고 존중받는다. 훅스는 "일관성insistence은 그저 말로만 하는 것으로 이룰 수 없으며 페다고지적 실천을 통해 증명되어야 한다." 라고 말한다.[8] 따라서 교실은 구성원 모두가 책임을 공유하고 기여할 수 있는 민주적 공간이 되어야 하며 학생 개개인이 활발하게 참여해야 한다. 수동적 소비자에 머물러서는 안 된다. 이러한 공간에서는 개별적인 목소리와 경험이 중요하게 인식되기에, 다양성을 존중하는 문화가 꽃 핀다.

학생만 자신의 취약성을 드러내며 활발하게 참여하지 않는다. 교사 역시 학생과 함께 나누고, 성장하고, 온전히 현존한다. 이 일은 통제감을 잃는 것이 두려운 교사에게 어려울 수 있다. 그러나 이는 배움의 공간과 개방성과 신뢰, 모험을 시도하는 공간을 창조하기를 원한다면 꼭 필요한 일이다. 교실에서 서클을 진행하는 교사는 통제와 힘을 내려놓는 경험과 과정을 신뢰하며 온전히 참여한다는 것이 어떤 의미인지 이미 알 것이다. 때로는 이 일이 무척 어렵다는 것도 알고 있다.

우리가 서로의 목소리를 듣고, 서로의 존재를 인식하며 서로에 대한 관심이 커질 때 교실 공동체에서 경험하는 기쁨도 커진다.
－벨 훅스, '배울 때 기쁨을 경험하는 공간을 창조하는 것에 대하여'

비판적 페미니스트 페다고지의 정수insight는 회복적 가치와 일맥상통하며 회복적 페다고지가 발전하는 데 많은 통찰을 준다. 교실의 위계 구조를 평등하게 하고, 소외받은 집단에게 생각과 경험을 표현할 수 있는 기회를 제공하며, 행동을 도모하는 배움을 통해 사회 구조를 변혁할 수 있다. 많은 학생들이 목소리를 낼 때 교사와 학생은 서로의 관점에서 배울 수 있고, 사회구조적 문제에 대한 공감대를 형성하게 된다. 이를 통해 사회구조적 문제를 변화시키고자 하는 열망도 커진다. 놀이와 활동은 공평하고 참여적이고 대화를 촉진하는 환경을 효과적으로 창조하도록 돕는다.

해방 교육－ 회복적 정의 교육 restorative justice education

비판적 페미니스트 페다고지에 근거한 회복적 실천은 회복적 정의의 사회 변혁성을 확장시킨다. 그동안 회복적 정의는 사회구조적 불의를 드러내는 데 실패하고, 개인 간의 관계 회복과 피해 보상에만 초점을 맞춘다는 비판을 받았다. 딕은 다음과 같이 말한다.

세계 곳곳에서 진행하는 회복적 정의에 기반한 공동체를 위한 프로그램은 여전히 범죄와 연관하여 사회구조적 불의를 드러내는 데 실패하고 있다고 비판받고 있다. 현재 회복적 정의 프로그램이 너무나 많은 에너지를 대인 관계의 범죄에만 초점을 맞추고 있으며 인종과 출신 문화, 성차별적 사회 구조 등 갈등 이면에 내재한 원인을 무시하고 있다고 비판받는다. [9]

이러한 약점은 대다수 회복적 실천가가 시스템적이고 구조적인 관점에서 회복적 정의를 배우지 않았기 때문이다. 따라서 회복적 실천가는 갈등과 잘못된 행동의 근본적 원인인 구조적 요인을 이해하지 못한 채 오직 개인적 책임에 초점을 맞춰 문제를 해결해 왔다. 회복적 실천가는 회복을 지원하기 위한 의사소통기술을 기를 뿐 아니라 소위 '문제 있는 사람들'이 드러내는 사회 구조적 문제를 이해하고 언급하는 능력도 키워야 한다.

도로시 반더링Dorothy Vaandering은 회복적 정의 분야에서 이론적 근거로 사용하는 재통합적 수치 이론Reintegrative Shaming Theory과 사회적 훈육 창the Social Discipline Window 개념이 '가해자'와 '피해자', 가해자와 피해자의 개인적 심리 상태에만 초점을 맞출 뿐 개인의 신념과 행동에 사회 구조와 사회 기관이 미치는 영향을 밝히지 못한다고 말한다.[10] 피해에 원인 제공을 하는 구조를 다루지 않는다고 비판한다. 반더링은 비판적 이론이 회복적 실천에 개인의 행동을 넘어 보다 광범위한 과정을 고려하는 이론을 제시해 주고, 회복적 실천을 강화해 줄 것이라고 주장한다. 시스템, 사회기관, 사회구조의 영향을 고려하는 회복적 대화 모임restorative justice conference은 참여자들에게 해방을 가져다 준다.

회복적 대화모임에서 피해 사건의 사회구조적 원인을 다룰 때 참여자가 해방을 경험하는 것처럼 회복적 가치를 기반으로 회복적 정의를 교육할 때도 학습자가 해방을 경험한다. 바브 토우즈Barb Toews는 회복적 정의를 배울 때 회복적 대화모임에서 경험하는 것을 경험해야 한다고 말한다. 이는 학습자가 개인적인 경험을 말할 수 있는 기회와 개인적 변화와 성장을 경험할 때, 공동체와 긍정적인 관계를 맺고 재통합하고자 하는 마음을 경험할 때 가능하다. 토우즈는 다음과 같이 말한다.

"회복적 페다고지를 통해 학습자는 개인과 사회를 변화시키고자 하는 영감을 받으며 배움공동체를 세워간다. 실제 삶의 문제를 해결할 수 있는 기회를 갖는다. 가르치는 자와 함께 자신의 독특한 경험을 이야기할 수 있는 공간을 창조한다. 회복적 페다고지는 학생을 실천가, 이론가, 교육자로 바라본다. 교사를 학생으로, 과정을 통해 함께 배워가는 학생으로 초대한다."[11]

변혁적 배움이 이루어지려면, 배움의 과정에서 학생이 수업 내용에 대한 자신들의 개인적 경험과 관점을 이야기하고, 배움공동체가 학생의 기여를 인정하는 것이 필요하다. 교사와 학생이 함께 자신들이 나눈 이야기가 자신들의 삶과 이 세계에 어떤 의미인지 함께 씨름한다. 교실에서 사회구조적 문제를 다루는 방법의 전환점이 일어난다. 이러한 공간에서는 사회 구조적 문제를 단지 추상적인 것으로 배우지 않는다. 이 문제를 실제적인 사실로 인식하고 공유한다. 이 문제에 적극적으로 도전하는 가운데 범죄와 갈등 이면의 뿌리를 발견하게 된다.

3장. 경험학습과 회복적 정의

'얼굴이 달라져요' 놀이(107쪽)는 회복적 과정에서 피해를 받은 집단이나 책임이 있는 집단이 느끼는 감정을 공감하며 질문을 구성해 가는 진행 기술을 익히는 활동이다. 이 활동에서 학습자는 서클에서, 삶에 크게 영향을 받은 이야기에 대한 질문을 받으면 취약성을 경험한다. 또한 학습자가 서클에서 안전하고, 존중받으며 자신의 이야기가 들려지는 경험을 하는 것이 어떤 것인지 배운다.

'얼굴이 달라져요' 놀이를 성인과 할 때 다음과 같은 질문을 했다. "당신의 삶에서 가장 큰 배움을 가져다 준 경험은 무엇인가요? 그 경험에서 무엇을 배웠나요?" 이 질문에 한 여성이 10대였을 때 법을 어긴 이야기에 대해 이야기를 했다. 이후 그녀는 다른 학습자들이 묻는 질문에 답하며, 삶의 어떤 요소가 그녀가 위법 행위를 하는 데 영향을 미쳤는지 성찰할 수 있었다. 그녀는 학교와 가정에서 있었던 일, 체포 당시 상황과 처벌을 받아들이기 힘들었던 경험을 이야기했다. 그녀는 '얼굴이 달라져요' 활동 성찰 시간에, 그 활동을 통해 피해에 책임이 있는 당사자가 회복적 과정에 참여한다는 게 얼마나 힘들고, 그 사람을 위해 어떤 작업을 해야 하는지 이해하는 시간이었다고 말했다.

대화 진행자로서 학습자를 이해하는 데 도움이 되는 시간이었다고 말했다. 다른 학습자들은 그녀의 이야기를 들으며 범죄에 영향을 미치는 요인과, 처벌이 상황 개선에 도움이 되지 않는 이유를 좀 더 이해할 수 있었다고 했다.

'얼굴이 달라져요' 활동은 깊이 있는 배움의 장을 제공한다. 실제 경험을 나누며 자연스럽게 출현하는 이야기를 통해 배우기 때문이다. 이는 단순히 학습자의 어려움과 취약성을 강의에서 전달받는 것과는 다른 차원의 배움이다. 학습자들이 직접 참여하며 회복적 과정에 참여하는 것의 어려움, 피해에 책임이 있는 당사자가 회복적 과정에 참여할 때 범죄를 저지르기까지 겪었던 상황과 심리적 상태를 이야기하는 취약성을 경험하기 때문이다. 이와 같은 과정을 통해 학습자는 진행자가 갖춰야 하는 중요한 자질을 개발한다.

－린지 포인터

경험 중심 배움은 회복적 페다고지의 중요한 특징이다. 학습자가 회복적 정의의 가치, 원리, 실천을 배우는 것 못지 않게 이를 직접적으로 경험하는 것이 중요하다. 경험학습Experiential Learning 분야는 발전된 학문이다. 따라서 회복적 페다고지가 발전하는 데 필요한 통찰을 제공할 수 있는 가능성이 풍부하다. 경험학습은 기본적으로 학습자 모두의 목소리와 관점, 경험을 동등하게 가치있는 것으로 여기며 배움을 삶에 적용하도록 장려한다. 경험학습의 핵심 가치와 원리가 회복적 페다고지와 맥을 같이 하기에 경험학습적 접근을 회복적 페다고지에 접목할 수 있다. 경험학습과 회복적 페다고지가 가치를 존중하고 배우며 접목되는 지점을 통합해 교실 밖 세상을 변화시키는 데 기여할 수 있다.

경험학습이란

경험학습은 행함을 통해 배우는 것이다. 존 루크너John Luckner와 렐든 내들러Reldan Nadler는 경험학습을 '개개인이 직접적인 경험을 통해 지식을 구성하고, 기술을 익히며 가치를 배우는 과정'이라 말한다.[1] 경험학습이 이루어지는 학습 환경은 다음과 같은 특징이 있다. 학생들은 활동에 참여하고 이를 성찰한다. 분석을 통해 새로운 내용을 배우고, 배운 내용을 지식과 행동에 통합한다. 놀이와 활동을 통한 배움은 역할극보다 학습자에게 주는 심리적 부담감을 낮추며 경험학습의 효과를 불러 일으킬 수 있는 효과적인 방법이다.

경험학습은 매우 유익하다. 학습자가 배움의 과정에 보다 더 많이 참여해 학습내용에 대한 흥미가 높아지고 학습권ownership이 향상된다. 과제를 부여하는 교사나 교실 밖 타인이 아닌 학습자 자신이 배움과 행동에 책임을 지도록 힘을 부여한다. 이와 같은 방식의 배움은 학습자가 배운 내용을 자기 인식과 생각에 통합하는 데 도움을 주고, 행동을 촉진한다.

놀이는 경험학습이다. 놀이를 할 때 교사의 역할은 촉진자다. 촉진자는 경험할 수 있는 공간을 창조하고 경험 후에 학습자가 대화를 통해 경험에 대한 성찰을 의미있게 이어갈 수 있도록 지원한다.[2] 경험학습에서 교사는 더 이상 자신의 지식을 학생에게 전달하는 '전문가'가 아니다. 학습의 경험에 함께 참여하는 촉진자다. 이와 같은 배움의 방식에서 교사와 학생은 힘과 목소리를 공유한다. 회복적 가치가 교실 가운데 스며든다.

촉진자로서 교사는 서로 존중하며 배우는 공간을 창조하고 유지하는 책임을 지닌다. 교사는 놀이에 참여하며 배우는 과정을 구조화하고, 경계를 세우고, 학생을 지원한다. 놀이와 활동 후 성찰, 분석, 통합으로 이끄는 성찰활동에서 배움이 일어난다. 교사는 성찰활동을 통해 학생의 필요를 발견하게 되는 데, 이를 차후 놀이와 활동에 반영해 진행한다.

회복적 과정은 서클에서 출현하는 지혜에 온전히 의존하는 활동이다. 놀이와 활동도 학생의 지혜를 의지하는 경험학습법이다. 학생은 질문하고, 의미를 연결하고 구성하는 호기심 있고 창조적인 주체이다. 교사와 함께 배움을 창조하는 존재이다. 교사는 활동을 준비하고 학생이 참여할 수 있는 공간을 지원하되 학습 결과물을 통제하지 않는다. 결과는 오롯이 학생의 몫이다.

교사는 학생들이 안전지대comfort zone를 넘어 배움을 확장해 갈 수 있도록 학생들이 어디까지 도전할 수 있는지 알아야 한다. 이는 경험학습의 어려운 점 중 하나이다. 교사는 학생들이 안전함을 느끼면서도 새로운 영역에 도전하고자 하는 마음이 드는 가장자리 edge가 어느 수위인지 알고, 활동을 신중하게 선택해야 한다. 불편함을 느끼고 위험할 수 있는 지점에서 학생들은 도전의식과 성공감과 도약을 경험할 수 있다. 회복적 정의를 가르칠 때, 교사는 그룹의 분위기를 감지해 이 지대를 찾고, 학생에게 불편함과 위험함을 감수하면서도 도전을 주는 적절한 수위를 유지할 수 있는 기술이 필요하다.

> 배움은 개인에게만 초점을 맞추지 않는다. 배움은 필연적으로 배움과 연관된 사람과 공동체의 관계에 초점을 맞춘다. 모든 학습자교사도 포함의 경험과 필요, 관점이 중요하며, 관계가 배움의 핵심이다. 개인들은 서로 경쟁하는 대상이 아니라 관계 맺는 대상이다.
>
> – 크리스티나 르렐린, 제니퍼 르렐린, 『회복적 학습』[3]

재미는 경험학습의 가장 중요한 특성이다. 활기와 유쾌함은 활발한 참여를 이끌어 내며 공동체 감각을 길러 준다. 이는 배움을 촉진하며, 회복적 가치와도 일치한다. 학생이 배움에 참여하며 즐거움을 느낄 때 재미와, 에너지, 집중력, 배우고자 하는 열망이 커진다.

경험학습은 학습자가 더 많이 참여하고 개입하여 수업을 만들어가기에 교실을 보다 관계중심적으로 만든다. 관계세우기는 학생 간 신뢰를 쌓고 보다 연결된 배움공동체를 세워간다. 관계세우기는 회복적 접근에서 필수적인 요소이다. 놀이로 재미있고 안전하고 편안하게 관계를 세워가는 공간을 만들 수 있다.

경험학습으로 회복적 정의를 교실에서 가르치기

회복적 정의를 가르칠 때 경험학습의 방법을 적용하면 그 교육적 효과가 크다. 우리는 회복적 가치를 토대로 한 경험학습을 중심으로 회복적 정의를 학교와 대학 강의실, 교도소 등에서 교육하고 있다.

회복적 가치를 토대로 한 경험과 관계 중심 활동은 아직 생소한 영역이지만, 이 중 서클이 가장 대중적이다. 학생들은 서클 구조로 진행하는 수업에서 자신의 배움을 성찰할 수 있다. 교사는 학생이 지금 무엇을 필요로 하는지 아는 소중한 피드백을 얻는다. 서클은 소수의 학생이 대화를 독점하는 것을 미리 예방하고, 모두가 말하고 듣는 기회를 동등하게 가질 수 있는 환경을 제공해 준다.

짝활동이나 모둠활동 역시 학습자 간 열린 대화를 독려한다. 짝활동과 모둠활동은 수업에서 관계를 세우고, 학습내용과 관련된 자신의 경험과 이를 자신의 삶에 어떻게 적용할 것인지 이야기할 수 있다. 모둠활동 특별히 역할극으로 회복적 정의를 배우면 지식을 실제 사례와 연결하고, 이를 현실과 동떨어지지 않은 지식으로 받아들인다. 어떤 회복적 정의 수업에서는 학생들이 공동체가 회복적 과정을 통해 긍정적으로 변화하는 것을 경험해 볼 수 있도록 학생들이 자신의 공동체에서 이를 실제로 진행할 수 있는 기회를 준다. 이후 회복적 과정을 진행한 경험이 실제 삶에 어떠한 영향을 미쳤는지 교실에서 성찰하는 시간을 갖는다.[4]

대부분의 회복적 정의 교육 현장은 학습자가 자신의 공동체에서 회복적 정의를 몸소 실천하고 자기 성찰을 하도록 지원한다. 바바라 칼슨과 대럴 버슬러는 학생들이 정의에 대한 자신의 가치를 찾고 정리한 후에, 자신이 속한 공동체의 문제를 회복적 접근으로 다룰 수 있는 방법을 기획해 이를 실천하는 수업을 한다.[5] 크리스티 홀싱어는 회복적 정의를 대학생과 교도소에 있는 청소년에게 가르친다. 두 집단의 학습자 모두 회복적 정의의 원리를 개인적 삶에 적용하며, 갈등과 문제 상황을 다루는 새로운 방법을 발견했다고 말한다.[6] 학습자가 자신의 반응과 편견, 자신을 둘러싼 사회문화적 맥락을 이해할 수 있는 자기인식 능력이 커지면 '교육을 통한 해방'을 경험할 수 있다.

회복적 정의를 배우는 공간에서, 진행자는 놀이를 서클을 시작하기 전 아이스브레이크나 관계와 신뢰를 쌓기 위해 활용한다. 놀이가 아이스브레이크 활동으로 매우 효과적이나, 놀이를 아이스브레이크 활동에 국한해 사용할 필요는 없다. 놀이로 회복적 정의를 가르칠 수 있다. 놀이를 통해 학습자는 회복적 정의를 더 깊게 이해하고, 회복적 과정 진행 기술을 익힐 수 있다. 놀이를 통해 학습 환경의 경험적 요소가 더 풍부해진다. 학습자는 놀이를 통해 공동체를 진행하고 위험을 감수하며 실수를 통해 배우기 때문이다.

4장. 회복적 배움공동체

우리는 회복적 정의를 교육할 때 관계를 세우기 위해 놀이와 활동을 많이 한다. 교육에 참여하는 학습자는 의미 있는 대화를 주고 받으며 공동체에 소속된 느낌을 받는다. 수업 후, 많은 사람들이 교육을 받으며 마음이 통하는 사람을 만났다고 말한다. 수업이 끝난 뒤에도 계속 공동체로 함께 연결되고 싶어 하며 다른 사람을 그 공동체로 초대한다.

빅토리아 대학교 웰링턴 소재는 회복적 정의 공동체를 세우는 모델을 보여준다. 새학기에 모든 기숙사 사감이 회복적 생활교육 연수를 받는다. 연수는 놀이와 활동으로 이루어져 상호작용 중심이다. 회복적 생활교육을 기숙사에 적용한 지 2년이 된 해에 사감들은 자발적으로 회복적 정의 동아리를 만들었다. 정기적으로 모여 서클을 진행하며 진행하는 능력을 개발하고, 놀이와 활동을 하며 회복적 정의를 배웠다. 학교 전체에 회복적 접근을 홍보하고, 동아리에 새로운 일원을 모집했다. 이 동아리는 회복적 정의를 통해 건강한 배움 공동체가 출현하는 사례를 보여준다.

– 린지 포인터

이 장은 회복적 공동체의 개념을 대략적으로 소개하고, 회복적 가치에 따라 운영하고 소통하며 활동하는 사회 조직을 소개하고자 한다. 이를 통해 회복적 배움공동체가 어떻게 세워질 수 있고 놀이와 활동을 통해 어떻게 강화되는지 논의할 수 있다.

놀이와 활동으로 학습자가 목소리를 내고 참여하며 변화시키는 사회적 공간을 만들 수 있다. 놀이와 활동을 통해 회복적 과정과 비슷한 열매를 맛본다. 회복적 배움공동체는 학습자의 관점을 존중하고, 학습자가 배운 내용을 세상과 삶에서 적용할 수 있도록 지원한다.

회복적 공동체 세우기

최근 수십 년간 회복적 정의 분야는 크게 성장했다. 사법적 정의 개혁을 위해 도입한 회복적 접근은 일상과 가족, 학교, 공동체, 사회가 더 평화롭게 상호작용하는 사회 운동으로 확장되었다. 크리스토퍼 마샬은 "회복적 사회운동은 개인 간의 관계와 사회조직이 인간의 존엄과 평등, 자유, 상호존중, 민주적 참여, 협력적 거버넌스를 바탕으로 번영하는 것을 목적으로 한다"고 말한다.[1]

회복적 공동체의 비전은 회복적 정의가 공동체에 일상적이고 보편적으로 실천되는 가운데 관계가 풍요로워지고, 정의와 공정함을 경험하며 치유가 촉진되도록 하는 것이다. 회복적 공동체의 작동 원칙은 공동체의 핵심인 정의로운 관계다. 정의로운 관계의 특징은 상호 존중, 돌봄, 존엄,[2] 인간 안에 내재한 상호연결성을 존중하는 것이다. 하워드 제어는 회복적 실천의 철학적 토대를 설명할 때, 샬롬을 회복적 정의의 신념과 실천에 연결시킨다.[3] 샬롬은 자주 평화로 번역되나 실제로는 보다 넓은 비전을 내포한다. 개인 간, 집단 간, 사람과 생명체 간, 사람과 신적 존재와의 정의로운 관계를 강조한다. 샬롬은 모든 존재의 연결성을 강조하기에 회복적 실천이 다양한 사회적 영역으로 확장될 수 있는 철학적 토대를 마련해 준다. 데이비스는 아프리카 남부의 우분투라는 개념으로 회복적 정의의 특징을 설명한다.[4] 우분투는 "사람은 관계를 통해 사람이 된다."를 의미하며, 사람과 사람 사이, 사람과 자연 사이의 상호연결성을 강조한다. 우리의 상호연결성을 지지하고 복돋는 사람들이 바로 회복적 공동체가 된다.

학교는 회복적 정의의 확장된 비전이 실현된 첫 번째 공동체이다. 학교를 통해 회복적 정의는 단순히 훈육 영역을 넘어서 학교 문화를 일구는 활동과 관계 세우기 영역으로 확장되었다. 학교가 시작한 혁신적 실천은 회복적 활동을 회복과 긍정적인 관계 맺기를 통해 갈등과 폭력을 예방하는 차원으로 이해의 폭을 넓혔다. 이와 같은 회복적 학교로의 발전은, 다른 조직도 보다 관계적이고 회복적인 방법으로 작동할 수 있다는 길을 제시해 주었다. 이제 회복적

공동체는 대학과 직장, 교회, 지역 공동체, 감옥, 도시로 발전하고
있다.

회복적 배움공동체

어떻게 교실과 모든 배움의 공간에서 '정의로운 관계맺기'와
'상호연결성'에 대한 감수성을 키우고, 갈등을 사전에 예방할 수
있을까?

크리스티나 르웰린과 크리스타나 파커는 네 가지 유형의 교실
환경과 교수방식을 구분한다. 네 가지 유형은 통제, 관계 단절, 갈
등 대화conflict dialogue 축소, 갈등 대화 확대이다. 통제된 관계로 특
징지어지는 교실은 교사가 강의 주도의 수업을 하고, 정보전달 방
식은 하향식이며, 학생들의 목소리는 거의 들리지 않는다. 학생들
은 수동적으로 학습하며, 다양하고 발산적 관점을 소통할 기회가
거의 없다. 이러한 배움 환경에서 관계성은 존재하지 않으며, 정상
적이라고 여겨지는 정체성normative identities이 존재하고 그것을 가진
사람이 집단에서 특권을 갖게 되며 그 특권은 유지된다. 소수 정체
성을 가진 사람들이 배제되기 때문이다. 이러한 공간에서 현 상태
의 권력 구조는 유지되며 사회변화를 위한 움직임은 처음부터 허용
되지 않는다. 이와 달리, 회복적 교육은 관계를 가장 중요하게 여긴
다. 개개인의 목소리와 배경을 중요시하기에 배움공동체에서 다양

한 경험과 관점을 존중하는 토양이 조성된다. 르웰린과 파커는 회복적 배움공동체는 갈등 대화를 극대화하는 것을 추구한다고 말한다. 그들은 갈등 대화를 '사회적 갈등 문제를 비판적으로 성찰하도록 이끄는 대화'로 정의한다.[5] 갈등 대화는 사회 구조 속 억압을 직면하고 사회 관계망을 보다 포용적이게 한다. 교사가 갈등 대화를 가까운 관계에서 극대화할 때, 이는 소외받고 다양한 배경을 가진 학생들과 그들의 역사, 경험, 관점이 보다 포용되는 환경을 조성한다. 이는 학생들의 배움과 사회적 포용, 시민 참여적 면에 긍정적 영향을 미친다.

회복적 실천가이자 교육자인 르웰린과 파커는 학습자가 친밀한 관계로 성장할 때 나타나는 효과와, 배움의 공간에서 갈등 대화를 촉진할 때 나타나는 효과를 각각 연구했다. 관계가 중심이 되는 회복적 배움공동체에서 학생은 그들의 이야기가 의미 있으며 공동의 지혜를 형성하는 데 기여한다는 것을 깨닫는다. 학습자는 자신의 신념과 가치를 분별하고 정제distill 할 원동력을 얻는다. 참여적 접근 방식은 학습자 안에 내재한 신념과 가치, 이상을 끌어내고 학습자 간 대화를 촉진한다. 학습자가 정서적으로 자신의 세계관을 탐색하고 토론할 준비가 되면 다른 사람의 신념과 연결된 지점과 연결되지 않은 지점을 발견한다. 모든 목소리를 존중하는 배움의 공간에서 갈등 대화를 촉진할 때 학습자 간의 신념의 일치와 불일치는 사회적 문제에 대해 더 깊이 탐색할 수 있는 지점으로 학습자를 초대한다.

많은 학습자가 회복적 배움의 공간에 처음 참여할 때 그들이 혼자가 아니라고 느끼고, 타인을 통해 자신이 진실되게 받아들여지는 경험validation을 한다. 배움의 공간에서 자신과 비슷한 희망을 가진 존재와 만나기 때문이다. 그 희망이란 바로 개개인이 변화를 일으킬 수 있는 역량을 의미한다. 그러나 배움의 과정이 진행되면서 학습자들은 불편함을 경험하기도 한다. 자신의 판단과 경험에서 오는 이전 신념이 도전받고 무너지는 과정을 겪기 때문이다. 배움공동체는 이러한 경험을 새로운 이해와 인식의 방식이 출현하는 배움의 과정으로 이해할 수 있다.

벨 훅스는 다양한 배경의 학습자가 모인 공간에서 이와 같은 과정을 안내할 때 신뢰가 중요하다고 강조한다. 그녀가 친구이자 동료인 론 스캡을 인터뷰할 때 다음과 같이 물었다. "최근 10년 간 당신은 편견을 배제한 앎이 얼마나 중요한지 인식하는 배움의 공간을 창조하는 일에 주력했습니다. 이 일을 하면서 당신이 경험한 가장 큰 생각의 변화는 무엇인가요?" 스캡은 다음과 같이 대답했다.

신뢰를 바탕으로 한 진정성 있는 공동체성을 세우는 것이
중요하다는 걸 알았습니다.··· 단순히 전문적 기술이나 지식

이 아니라… 다양한 배경의 학습자와 만나는 교육자는 학생의 안녕감과 배움을 위해 헌신하는 것이 쉽지 않습니다. 특권을 가진 학생만이 아니라 모든 학생의 안녕감과 배움의 성공을 위해 애써야 하기 때문입니다.[6]

학습자가 공동체를 신뢰할 때, 보다 용감하게 자신의 취약한 이야기를 나눈다. 그 이야기가 평범하지 않고, 다름을 드러내야 하는 위험한 지대로 자신을 두어야 하는 상황이어도 말이다. 다름에 대한 정직한 대화는 학습자가 이전에는 발견하지 못한 지점을 발견하게 해주며 이는 갈등전환으로 이끈다. 훅스는 "많은 사람들이 다름을 정직하게 표현하고 이를 명료하게 이름붙여 드러낼 때naming 갈등이 커진다고 생각해 다름을 대면하기를 두려워한다. 다름이라는 현실을 부정하기 때문에 갈등이 영속화된다."[7]라고 말한다.

대화와 관계 세우기를 통해 신뢰가 형성되면 학습자는 용기있게 자신의 개인적인 고통과 희망, 희망을 가로막는 구조적 억압을 이야기할 수 있다. 기꺼이 용기있게 자신의 취약성을 드러내고 서로 존중하는 데 헌신된 공동체에서는 구성원들이 다소 공격적이고 논쟁적인 관점과 의견도 나눌 수 있다. 진행자는 공동체의 관계성과 힘의 균형을 조율하며, 갈등 대화를 유도할 수 있다. 갈등 대화를 할 때 학습자는 자신의 역할이 다른 사람의 자유와 목소리에 어떻게 힘을 실어주고 억압하는지를 이야기하는 위험을 감수한다. 이와 같은 알아차림 속에서 개인과 공동체의 책임이 출현한다. 이러한 알아차림은 모든 구성원에게 중요하지만 특히 특권을 가진 개인에게 더욱 중요할 것이다.

놀이와 활동은 배움공동체를 관계 중심으로 가꾸고, 복잡한 사회 문제에 대한 갈등 대화를 시작할 수 있는 기반platform을 다지는 데 적합하다. 놀이와 활동을 통해 모든 학습자들의 관점을 존중하는 대화를 이어가고 포용의 공동체inclusive community로 성장한다. 놀이는 공동체에 재미있고 안전하고 편안한 분위기를 만들어 관계세우기를 강화하고, 어려운 주제를 다룰 수 있는 신뢰의 공간을 조성해 준다. 더불어, 깊은 단계의 관계 세우기를 가능케 한다. 회복적 과정이 참여 당사자들의 관계에 영향을 주는 것처럼 놀이 역시 학습자들이 보다 깊은 관계를 만들어가는 데 효과적이다.

회복적 의례 rituals와 놀이

회복적 정의는 관계에 긍정적인 영향을 준다. 회복적 과정restorative justice process에 참여하는 사람들 대부분이 과정을 거치며 보다 연결되고 서로를 돌보는 경험을 한다. 최근, 회복적 과정에 참여한 사람들이 관계와 정서 면에서 긍정적인 변화를 경험하는 것의 원인과 관련된 연구가 대두되고 있다. 메러디스 로스너 Meredith Rossner

존 브레이스웨이트John Braithwaite, 제인 볼리토Jane Bolitho, 버논 켈리 Vernon Kelly가 이 분야에서 통찰력 있는 이론을 발표했다.

빅토 터너의 의례 이론theory of ritual으로 회복적 정의의 변혁적 효과를 설명할 수 있다. 회복적 과정은 참여자를 일상적이고 사회적인 삶과는 구별된 공간으로 초대한다. 이 공간은 평등과 존중을 바탕으로 한다. 회복적 과정에서 참여자는 경계적 공간 liminal space 을 경험한다.[8] 터너에 따르면 경계적 공간에서 사람들은 일반적인 사회적 규칙과 역할과 위계를 내려놓으며, 커뮤니타스communitas를 경험하게 된다. 커뮤니타스란 모든 사람이 동등하고 차별받지 않는 하나의 공동체에 연결되어 있음을 깨닫는 상태이다.[9] 이러한 깨달음을 통해, 참여자는 경계 공간에서 상호연결성과 공감을 경험하고 상대에게 친절하고자 하는 마음이 생긴다.

의례 이론은 경계공간이 어디에서 출현하든 연결과 관계 강화를 촉진한다고 설명한다. 의례 의식과 같이 놀이도 경계 공간을 촉진한다는 측면에서 주목을 받는다. 놀이를 할 때 학습자의 관계는 일반적인 사회적 규칙과 역할에서 벗어나, 보다 평등하게 연결되기 때문이다.[10] 놀이는 경계 공간을 창조하며 사람들이 상호작용하며 인종, 민족, 성역할, 국적, 사회 경제적 위치, 정치적 색깔과 같은 사회적 경계를 넘나들 수 있도록 촉진한다.[11]

> 놀이는 강력한 사회 윤활유이며, 놀이를 통해 적개심을 우호적 감정으로 바꿀 수 있다.

연극 이론에서는 경계 공간을 '마술이 일어나는 공간' magic circle 12이라고 부른다. 마술이 일어나는 공간에서 학습자는 터너가 말하는 의례에서 경험하는 커뮤니타스와 같은 능동적 참여와, 평등, 연결을 경험한다.13 이와 같은 경험은 신뢰감과 소속감을 높인다. 놀이는 마술이 일어나는 공간 뿐 아니라 안전함을 창조한다. 놀이를 통해 학습자는 기꺼이 위험을 감수하고 판단이나 부정적 반응에 대한 걱정 없이 새로운 것을 시도한다.

놀이와 활동을 통해 우리가 태초부터 연결되었다는 의식을 깨워가고, 공감과 친절함을 키워가며 관계성 높은 교실 환경을 창조하고 유지할 수 있다. 교실 안에 안전한 공간을 만들고, 일상의 일반적인 규칙과 역할, 제한으로부터 한 발짝 물러나, 놀이와 활동이 창조하는 사회적 공간으로 학습자를 초대할 때, 학습자는 개개인의 다양한 관점과 어려운 공동체 문제를 모든 목소리가 동등하게 존중받는 방식으로 토의할 수 있다. 놀이와 경험 중심 활동은 관계 중심으로 상호작용하는 것을 촉진하고, 갈등 대화를 자극하고, 경계 공간을 창조한다. 회복적 배움공동체를 세워가고 회복적 가치를 강화하고 구현한다.

5장. 가르침을 위한 준비

회복적 정의 수업에서 성인 학습자와 '둥지 짓기' 활동(129쪽)을 진행할 때, 의미 있는 대화가 등장했다. 가상 시나리오로 사례를 다루는 단계였다. 시나리오는 고등학교에서 백인 학생 두 명과 라틴계 학생 두 명이 몸싸움을 하는 내용이었다. 우리가 갈등의 하위구조적 단계와 구조적 단계를 살피는 작업으로 넘어갔을 때, 라틴계 학생 한 명이 하위구조와 연관된 자신의 갈등 상황을 자발적으로 이야기했다. 그가 초등학생일 때, 한 교사가 본인과 다른 라틴계 학생을 계속 '문제아'라고 불렀다. 다른 학생들은 같은 행동을 해도 훈육을 받지 않고 넘어가는데, 자신과 그 친구는 훈육을 받았다. 그는 교사가 자신을 알고자 하는 어떤 노력도 하지 않는다고 느꼈고, 자신이 라틴계이기 때문에 당연히 행실이 바르지 않을 것으로 여긴다고 느꼈다. 자신의 인종과 문화적 정체성으로 내린 교사의 낙인은 그 이후 수년이 지났어도 그에게 상처와 혼란, 분노감을 주었다. 나는 이 활동에서 학습자들이 자신이 경험한 구조적 폭력과 편견을 용기 있게 나누는 것을 보고 들었다. '둥지 짓기' 활동이 이러한 용기 있는 대화를 가능하게 했다. 시나리오와 활동이 용기 있는 공간을 열었고, 나를 포함한 모든 학습자는 다른 사람의 고통스런 경험을 통해 배웠다.
— 캐틀린 맥고이

이번 장에서 회복적 정의를 가르치는 교사가 통합적holistic으로 진행을 준비하는 방법을 안내한다. 진행자는 위험을 감수하는 것을 환영하고, 어려운 주제에 대해 토론할 수 있도록 끌어내며, 책임감이 따르는 변화를 지원하는 역할을 한다. 회복적 가치를 삶에서 실천하며 이 책의 제안을 받아들이는 진행자는 자신의 정체성과, 학습자의 정체성을 깊게 성찰하며, 배움의 과정에서 발생하는 복잡한 역동을 지속적으로 인지한다.

회복적 정의를 가르치는 자는 무엇을 가르치는가를 넘어 어떻게 가르치고, 학습자와 어떻게 연결될지를 깊게 성찰해야 한다. 학습자들이 자신의 안전 지대에서 벗어나, 새로운 관점과 이해가 출현하는 가장자리로 나아갈 때 교사는 자신의 여린 부분과 자신 안에 있는 것을 투명하게 드러내며, 변화의 경험에 본인도 진정성 있게 참여할 수 있도록 준비해야 한다. 교사 또한 안전 지대의 가장자리에 서 있는 자신을 발견할 것이다.

이번 장은 자신의 선택과 영향력을 의식해야 하는 교사의 책임을 다루는 부분이다. 모든 사람의 배움과 성장에 기여할 수 있는 공간을 창조하는 데 필수적인 사랑과 겸손, 유머, 공감의 요소를 교사가 어떻게 통합하는지 안내할 것이다.

나알기

교사가 끊임없이 자신을 성찰하는 일의 중요성은 아무리 강조해도 지나치지 않다. 회복적 실천을 가르치는 교사는 특정 주제에 연관된 요소가 학습에 어떤 영향을 미치고 자신의 정체성이 배움 공동체에 미치는 영향을 비판적으로, 그리고 지속적으로 성찰해야 한다. 교사는 다음과 같은 질문을 해야 한다. "나는 학습자와 힘을 어떻게 나누고 있는가?", "내가 갖고 있는 편견이나 아무 의심없이 받아들이는 가정을 어떻게 확인하고 있는가?", "나는 모두가 용기 있게 갈등 대화에 참여할 수 있는 공간을 학습자와 협력하며 창조하고 있는가?", "대화 도중 불편함이 올라올 때, 현존을 유지하며 상대방에게 대응하지 않는 나의 도구는 무엇인가?" 이와 함께, 교사는 두려움과 의심, 실패감에 갇혀 있는 느낌을 받을 때가 있음을 인정하고, 시행착오를 겪을 수 있다는 것을 마음으로 준비한다.

교사는 학생들과 자신이 얽혀 있는 관계망 속 자신의 역할에 대해 반드시 성찰해야 한다. 폭력이 반복되는 양상은 관계 안에 존재하며, 폭력을 초월할 수 있는 능력 또한 관계 안에 존재한다. "아무리 의도하지 않았다 할지라도, 교사인 내가 반복해서 폭력을 행사하고, 지배하는 지점은 어디인가?", "배제나, 복수, 응징하려는 생각이나 행동이 출현하는 지점은 어디인가?" 교사는 상대에게 해를 가하고, 상대로부터 해를 받기도 하는 이중적 존재임을 인정한다.

교사의 개인적 경험가족, 교육, 사법 제도, 공동체 등이 회복적으로 가르치는 데 어떤 영향을 미치는지 살펴야 한다.

진정성과 일치성congruence

교사는 배움이라는 공간 안에서 맺어지는 관계망 속에서 자신의 잠재력과 실재, 정직한 자아의 모습을 드러내고, 진정한 자아와의 일치를 추구해야 한다. 칼 로저스는 일치성을 성공적인 치료를 위한 내담자와 치료자 관계[1]의 필수적 조건으로 본다. 이는 배움의 맥락에서도 동일하다. 회복적 배움공동체에서 일치성이란 교사와 학습자 모두 자아에 대한 깊은 인식을 통해 스스로를 정확하게 드러내기를 선택하는 것을 의미한다. 교사는 반드시 자신의 편견을 용기 있게 직면해야 하며, 학생과 배우면서 출현하는 것에 따라 자신의 신념을 바꿔야 한다. 의심, 부족한 경험을 인정하면서 상호 존중 감각을 키우고, 학생에 대한 기대를 높이면, 궁극적으로 교사 자신이 풍성한 경험을 할 수 있다.

언제나 일치성을 경험하는 것은 불가능하지만 마음챙김이나 다른 활동을 통해 자신을 인식하는 교사는 다르다. 가르치는 현장에서 마음챙김 훈련을 한 효과는 멈춤을 통해 즉각적 반응이 아닌 관찰의 단계로 나아가는 데 도움을 준다. 멈추는 동안 무엇이 자신을 동요하는지 성찰할 수 있다. '멈춤'은 존중의 표현방식이다. 멈춤으로써 연민의 공간을 창조할 수 있기 때문이다. 멈추는 동안, 학습자들이 자신의 경험을 주도적으로 이끌어 갈direct 수 있도록 통제의 고삐를 풀고, 거리를 두어야 함을 알아차린다. 아니면 현재 자신의 상태가 수용할 수 있는 범위window of tolerance를 넘어섰다는 것을 알아차리고, 자신 만의 다른 방법으로 자기조절을 한 후, 가장 나다운 모습으로 돌아올 수 있다. 교사는 현재 상태에서 자신을 알아차리기 위해 멈춤이나 다른 방법을 선택할 때, 학습자에게 이를 투명하게 알리는 것이 좋다. 이와 같은 교사의 모델링은 한 존재가 그 순간에 현존하려는 모습을 생생하게 학습자에게 보여준다. 이 모습은 일치성의 면모를 보여주는 소중한 장면이다.

명상이 마음챙김 중 가장 효과적인 방법으로 알려져 있으나 명상만이 유일한 방법은 아니다. 글쓰기, 춤, 음악, 운동, 독백, 어떤 치유법therapeutic modality이든 자기인식을 높이는 방법을 선택한다. 이제 즉각적으로 자기평가와 성찰을 할 수 있는 두 가지 유용한 도구를 간략하게 소개하고자 한다. 진정한 자아와 보다 일치할 수 있도록 도와주는 도구를 지속적으로 수련한다. 진정한 자아와의 일치감은 명료함, 굳건함centeredness, 고요함, 신뢰감을 가져온다. 지속적이고 비판적인 자기 성찰은 회복적 정의를 가르치는 데 필수적이다. 어떤 방법이 자신에게 맞지 않으면, 자신에게 맞는 방법을 찾을 때까지 계속 탐색한다.

자기평가, 자기성찰, 마음챙김을 위한 두 가지 도구

다음 제시하는 두 가지 도구는 보완적이며 수업이나 연수 진행 중에 사용해도 좋고 전후에 사용해도 무방하다. 첫번째 도구는 수업 중 단계적으로 자신의 의도와 행동이 회복적 접근과 존중의 원칙에 부합하는지 관찰하는 것이다. 두번째 도구는 특정 주제나 수업과 관련하여 교사의 정체성, 교육철학, 평가 과정을 명료하게 수립하기 위한 질문을 작성하는 것이다. 이 두 가지 도구를 정직하고 지속적으로 사용하면 그 가치와 효과가 커진다.

P.A².I.R. : 마음챙김에 기반한 회복적 접근

애니 오셔니시Annie O' Shaughnessy는 교육자를 위한 마음챙김 기반 회복적 실천mindfulness-based restorative practices에서 마음챙김을 위해 멈추는 시간을 갖는 것의 중요성을 강조한다. 그녀는 이러한 시간이 교사를 깨어있게 해 학습자를 향한 마음과 사고를 더 열 수 있다고 말한다. 의식적으로 멈출 때 고정화되어 있는 판단이나 무의식적 가정에 따라 반응하는 대신 연민에서 우러나오는 호기심으로 공감어리고 회복적인 반응을 할 수 있다. 오셔니시는 P.A².I.R.라는 줄임말로 마음챙김 접근방법을 다음과 같이 소개한다.

■ **멈춤**Pause: 자극받은 행동을 생각하며, 코로 숨을 깊게 들

이마시고 입으로 내뱉는다. 당신이 갖고 있는 자동적인 생각을 의도적으로 내려 놓는다. 3초 이상 멈춘다

- **평가**Assess: 나의 경험을 자각한다. 예를 들어, '내가 확대 해석하고 있나?' 라고 물으며 당신이 아는 것이 객관적인 사실인지 확인한다. 당신의 의도를 살핀다.바론과 그림〈Barron and Grimm〉, 2006 예를 들어, '내가 원하는 것이 단순히 학생의 기분을 상하게 하는 것인가?' 라고 물을 수 있다.

- **인정**Acknowledge: 당신이 알아차린 것을 객관적이고 진실하게 말하며 학생과 상호작용을 시작한다. '내가 보기에는….'

- **탐구**Inquire: 자동적으로 출현하는 나의 가정assumptions이 무엇인지 알며 이를 의도적으로 해체dismantle 하거나 성찰을 하기 위해 회복적 질문을 한다. '나에게 무슨 일이 일어났는가?', '내가 충족시키고자 했던 욕구는 무엇인가?' 이 질문에 대한 답이 확대 해석돼 있다면 이 질문에 대한 진실을 알기는 어렵다는 것을 기억한다.

- **회복**Restore: 학생과 함께 학생이 자기 조절을 할 수 있는 부분, 수업에서 나타나는 행동, 나와의 관계를 회복할 수 있는 방법을 찾는다.[2]

오셔니시는 교사나 학생이 회복적 대화를 의미있게 나누려면 마음의 공간이 있는 지 판단한 후 대화를 시도해야 하며 그렇지 않다면 자기조절을 하며 대화할 수 있을 때까지 대화를 미루라고 제안한다.

정체성 기록지 Identity notes, 교육철학 teaching statement, 자기평가 및 수업평가

토우는 회복적 페다고지 restorative justice pedagogy는 교사가 자신과 수업 자료, 교수 전략을 비판적으로 성찰하는 활동을 포함한다고 말한다. 그녀는 성찰과 평가를 하는데 유용한 세 가지 도구로 정체성 기록지와 교육철학, 자기평가 및 수업평가를 언급한다.[3] 이 세 가지 도구는 함께 쓸 때 더욱 효과적이다. 정체성 기록지와 교육철학은 자신의 수업방식과 수업평가기준으로 사용할 수 있다.

정체성 기록지는 가르치는 맥락에서 교사가 자신의 역할을 수행하며 갖게 되는 자동적인 생각과 편견, 경험을 알게 해 주고 이러한 생각과 편견, 경험이 수업과 학생 평가와 결과에 어떻게 영향을 미치는지 알게 해 준다. 토우는 다른 사람과 정체성 기록지를 함께 피드백하며 미처 발견하지 못한 편견과 자동적인 생각을 마주하기를 권한다. 토우는 교사가 회복적 정의 수업을 하기 전 정체성 기록지를 작성하는 데 도움을 주는 다음과 같은 주제를 제시한다.

1. 개인적으로 혹은 직업과 관련하여 피해자가 되었거나 가해자가 되었던 경험

2. 특권, 힘, 인종차별, 구조적 불의에 대한 경험과 관점

3. 아래의 내용과 연관된 경험과 관점

   a. 회복적 정의에 대한 나의 관심

   b. 회복적 정의의 정의, 목적, 가능성, 내재된 위험성pitfalls

4. 다른 사람의 경험과 관점을 적극적으로 경청하고 존중하며 자신의 생각을 전환할 수 있는 능력

5. 수감 경험이 있는 사람, 피해자, 사회복지사, 가해자와 피해자를 지원하는 사람들, 교정 기관의 실무자와 감독관에 대한 자동적인 생각[4]

교사는 교육철학에 특정 주제에 대한 자신의 동기, 신념, 목표, 전략과 가르치는 맥락을 적는다. 교육철학을 학생과 공유할 경우 수업에 대한 기대를 명료화하는 대화를 학생들과 나눌 수 있고 교수법을 학생들의 필요에 적합한 방식으로 개선할 수 있다. 이와 같은 방법을 교육에 활용하면 수업을 기획하고 전달할 때 학생들이 목소리를 낼 수 있는 기회를 제공한다. 토우는 교육철학을 작성할 때 다음과 같은 질문을 해 보기를 제안한다.

1. 회복적 정의를 가르치고자 하는 나의 동기는 무엇인가?

2. 이 교육과정을 통해 내가 이루고자 하는 목적은 무엇인가?

3. 내 교수법이 따르는 가치는 무엇인가? 이 가치는 회복적 정의와 변혁적 교육과 어떻게 연결되는가?

4. 2번에서 언급한 목적을 달성하기 위해 사용하는 교수법은 무엇인가? 2번의 목적과 3번의 가치 중 연결되는 부분은 무엇인가?

5. 회복적 페다고지가 추구하는 가치를 어떻게 생생하게 실현시킬 것인가?[5]

우리는 위의 질문에 더해 다음과 같은 질문을 더하고 싶다.

6. 학생이 갖는 그들만의 필요는 무엇이며 학생들의 필요에 부응하는 역동적인 배움의 공간을 어떻게 창조할 것인가?

7. 모든 목소리를 들을 수 있는, 용기 있게 말할 수 있는 공간 brave spaces을 어떻게 창조할 것인가?

8. 진행자인 내가 불편하고 도전을 받는 순간에 자기조절을 할 수 있는 도구는 무엇인가?

9. 나는 즐겁고 회복력이 있는 문화를 지원하고 유지하기 위해 무엇을 할 수 있는가?

토우가 제시하는 수업 및 자기 평가에 대한 질문은 다음과 같다. 평가는 계속 진행하는 순환의 과정이다. 수업을 준비하고, 수업이 진행 중일 때도 이 질문을 활용해 앞으로 이어질 수업 자료와 교수법에 활용한다. 평가 과정을 효과적으로 하기 위해 다른 교사나 학생, 수업계획 및 진행에 연관된 사람들과 소통하며 그들에게 받은 피드백을 활용한다.

1. 수업할 때 다음 영역의 정도를 평가한다.
   a. 학생이 개인의 경험과 관점을 표현하는 것을 장려했는가, 방해했는가?
   b. 학생이 경험하는 것을 현실과 연결했는가?
   c. 학생을 존중하며 소통했는가?
   d. 협력하며 문제를 풀어가도록 학생을 참여시켰는가?
   e. 회복적 정의와 실천을 새롭게 이해하도록 시도했는가?
   f. 학생이 교사가 되는 기회를 제공했는가?

2. 교사인 나에게 수업이 어떤 영향을 미쳤는가?
   a. 범죄와 정의에 대한 전제에 도전을 주었는가?
   b. 힘, 특권, 인종차별, 이 외 다른 구조 및 제도적 폭력과 연관된 경험에 대한 인식이 높아졌는가?
   c. 회복적 정의에 대한 이해와 가능성, 문제점에 대한 이해가 확장되고 수정되었는가?[6]

공감하는 능력 키우기 | Cultivating Empathy

교사는 학생이 용기와 진정성으로 참여할 수 있는 배움의 공간을 창조하기 위해서는, 학생의 생생한 감정과 관점이 그대로 배움의 공간에 출현할 수 있도록 준비해야 한다. 변혁적 배움을 기대하는 교사는 학생이 자신의 이야기가 들리고 사랑받고 수용받고 있다고 느끼게 해야 한다. 회복적 과정의 진행자가 단 한번의 결정과 행동으로 사람이 규정되지 않는다고 생각하듯이 회복적 과정을 가르치는 교사도 학생이 생각하고 말하는 것에 일희일비하지 않는다. 그 대신, 학생과 연관된 것을 공감하고, 학생이 처한 상황에 관계 없이 존재 자체로 학생을 수용하며 진실하게 대한다. 학생이 자신의 관점을 진실하고 충분히 표현했을 때 공감어린 교사는 학생이 나눠준 것에 대해 진심으로 감사하고, 학생이 자신에 대해 더 깊이 이해할 수 있도록 새로운 의미를 발견할 수 있는 성찰의 과정으로 안내한다.

교사는 정직하고 진정성 있는 배움을 위해 기꺼이 불편함과 위험을 감수할 수 있는 신뢰의 공간을 준비하는 책임이 있다. 용기 있는 공간brave spaces을 위한 약속guiding norms을 준비해 교사와 학생 모두 용기 있게 말하며 배움에 기여할 수 있도록 독려한다. 용기 있는 공간은 안전한 공간과 다르다. 배움의 과정에서 이전까지 갖고 있던 관점을 내려 놓고, 새로운 이해와 변화를 추구한다는 점이 특징이다. 용기 있는 공간은 불편함과 위험 요소를 내재하고 있다. 이 공간은 배우는 과정에서 발생하는 피해와 어려움을 배제하기보다, 다섯 가지 기본 약속을 지키며 용기를 내는 것을 강조한다. 다섯 가지 기본 약속은 다음과 같다.

1. 공손함을 갖고 논쟁점 탐색하기
2. 자신의 의도와 자신이 주는 영향력 인식하기
3. 자발적으로 말하기
4. 자신과 타인을 존중하기
5. 공격이나 폭력을 행사하지 않기

약속을 만들 때 공격과 말이나 신념에 대해 설명을 요구하는 것의 차이를 구별할 수 있는 방법을 명료화할 수 있는 시간을 갖는다.[7] 수업을 진행하는 동안, 전 후에 이 약속에 따라 대화를 하고 있는지 적극적으로 살핀다.

> 우리는 용기 있는 공간을 만들기 원하는 교사에게 공간을 어떻게 정의하고, 어떻게 약속을 만들고 싶은지 묻는다. 이러한 대화 시간은 사회정의에 대해 본격적으로 배우기 전 전주곡을 연주하는 시간이 아니라, 사회정의 배움 그 자체로 여기며 많은 시간을 할애하도록 제안한다. 이는 교사가 학습자로부터 배우는 개방성을 보여주는 작업이다. 배움은 교사로부터 학생에게 일방향적으로 전달된다는 지배적인 내러티

교사인 나 자신이 규칙과 어떤 관련이 있으며, 학생의 출신 배경 지배 계층인지 소외 계층인지을 넘어 용기 있게 참여하기 위해서는 무엇이 필요한지 생각해 본다. 위에서 제시한 기준은 개인적 문제와 구조적 문제에 대한 어려운 대화를 할 때, 학생이 자신의 목소리를 낼 수 있도록 힘을 실어주어 용기 있게 말할 수 있는 공간을 유지하는 지침 compass을 제공한다.

교사는 타인의 삶에서 무슨 일이 일어났고, 일어나고 있는지 온전히 알 수 없음을 인정해야 한다. 무기력하고 분노가 이는 순간에 '깨어 있기'는 균형있는 관점을 유지하고 판단을 호기심으로 전환할 수 있게 한다. 전혀 말을 하지 않는 학생이 있을 것이라고 예상해야 하며, 그들을 무시하지 않는다. 당장의 변화를 볼 수 없어도 교사가 그들에게 무조건적인 환대와 초대, 신뢰를 변함없이 보인다면 결국에는 반응할 것이다. 교사가 한 말과 행동 때문에 학생들이 말하지 않을 수 있다는 것도 명심한다. 교사는 일어나는 상황을 성찰하며, 그 상황을 통해 자신에게 질문하고, 또 성장해야 한다. 교사는 학생이 교사의 행동에 대해 문제의식을 느낄 때 어떻게 자신의 목소리를 전달할 수 있는지 구체적인 언어와 행동으로 알려

준다. 문제가 커지기 전에 반응하고, 무언가 잘못되어 가고 있다면, 학생들의 감정과 생각을 물어보며 확인한다.

뉴질랜드 남자 교도소에서 회복적 정의 연수를 할 때 일이다. 토킹 피스로 2017년 캘리포니아 오클랜드에서 열린 회복적 정의 컨퍼런스 the National Association of Community and Restorative Justice Conference 에서 선물로 받은 것을 사용했다. 토킹 피스에는 안에 블랙 파워Black Power가 쓰여진 주먹이 그려져 있었고, 이는 오클랜드에서 인종차별에 대항하는 사회정의 운동을 펼치는 단체와 연결된 의미를 갖고 있었다. 나는 회복적 정의가 사회 운동으로 성장했다는 상징으로 그 토킹 피스를 선택했고, 토킹피스가 내가 만나는 공동체에 미치는 영향을 생각해 보지는 않았다. 토킹피스가 의미하는 바를 설명하고 첫번째 질문을 위해 내 왼편에 앉은 남자에게 토킹 피스를 건넸다. 그는 토킹피스를 내려다 보고, 큰소리로 웃었다. 토킹 피스를 높이 들어 다른 서클 학습자에게 보여주었다. 그 때는 뉴질랜드의 큰 갱단 이름이 블랙 파워인지 몰랐다. 게다가 학습자 대부분은 블랙 파워의 라이벌인 몽그럴맙Mongrel Mob 단원이었다. 다행스럽게도 관계와 신뢰는 잘 형성되었다. 학습자들은 웃고 재미있어 했고, 나 역시 실수를 통해 배울 수 있었다. 나는 이 당황스러웠던 경험을 이야기하며 진행자가 한 말이나 행동으로 문제가 생겼을 때 학습자가 자신의 목소리를 낼 수 있는 공간을 어떻게 창조할 수 있는지 생각해 보도록 초대했다. 대개의 경우, 모든 사람들에게 배움을 주는 대화로 이어졌다.

– 린지 포인터

교사가 이 제안을 실천하기로 마음 먹었다면, 가르친다는 것은 만족감을 주는 동시에 손이 많이 가는 일이라 생각할 수 있다. 교사는 자기 공감을 실천해야 한다. 학생의 욕구와 피드백을 경청하며 그들을 존중하는 것처럼, 자신의 실수와 편견, 판단을 마주했을 때 인내하며 자신을 공감해야 한다. 언제나 배우는 사람이 되기를 추구해야 한다. 어떤 시점에서 교사는 학생과의 관계나 가르치는 내용에서 타성에 젖을 수 있다. 그 때는 휴식을 취하고 도움을 구하고 충전을 한다. 배움공동체 바깥 사람과 연결되어 새로운 관점을 구한다. 바깥에 있는 사람들은 소진한 교사에게 신선한 통찰을 주고 자신감을 회복시켜 줄 수 있다. 우리는 일상에서 이 작업을 계속해야 한다. 우리는 세상을 변혁시키는 이 중요한 일에 서로를 책임지며 공동체와 함께 자기탐색 작업을 하며, 기쁨과 사랑, 희망으로 일할 수 있는 힘과 자원을 충전한다.

학습자 알기

내가 가르치는 학생이 누구인지, 수업과 수업에서 이뤄지는 활동을 통해 학생이 어느 지점까지 성장할지 세심하게 관심을 기울인다. 교사는 학생 개개인을 어떻게 고유한 존재로 바라보고 대할 수 있을까? 학생이 자신의 이야기와 의견을 적극적으로 표현할 수 있게 어떻게 독려할 수 있을까? 교사는 학생이 더 이상 안전하다고 느끼지 못해 도움이 되는 방식으로 참여하지 못하는 순간을 어떻게 알 수 있을까? 이와 같은 일이 발생했을 때 교사는 어떻게 다시 수업에서 안전함과 신뢰를 재건할 수 있을까?

회복적 페다고지는 학생의 참여와 경험을 매우 중요하게 여기기 때문에 교사는 반드시 학생이 대면하고 있는 내면의 갈등에 대해 의식해야 한다. 특히 내면의 갈등이 수업이나 인종, 성, 문화적 배경, 법적 지위, 혹은 다른 정체성의 문제와 연관된 경우 더욱 그래야 한다. 훅스는 대학생들과 수업할 때 인종문제를 다룬다. 그녀의 경험은 교사의 인식 수준이 얼마나 중요한지를 분명하게 보여준다. 훅스는 학생들이 인종차별 문제를 정직하게 소통하도록 지원하는 과정에서 그들이 내면의 갈등을 겪고 있다는 것을 교사가 인식해야 한다고 말한다. 그렇지 않으면 학생들이 기존 자신의 생각을 더욱 고수하고, 다양성을 주제로 하는 어려운 대화에 참여하기를 꺼리고, 심지어 침묵해 버리는 상황도 발생한다.[9]

회복적 정의를 배운 많은 개인이 자신의 핵심 신념과 행동을 바꾼다. 회복적 정의를 잘 배우려면 그 배움이 전인적이어야 하며, 개인부터 공동체 수준까지 회복적 정신으로 작동되어야 한다. 이는 패러다임 전환을 요한다. 패러다임 전환을 독려하는 교육자는 회복적으로 행동하기보다 회복적으로 존재하는 방식을 찾아야 한다. 이와 같은 접근법으로 교사가 학생과 학생의 삶에 가까이 다가갈 때 인내와 연민, 공감과 호기심이 커진다.

위험 감수와 선택에 대하여

교사가 학습자를 안전지대 너머로 인도할 때에는 주의를 기울여야 한다. 이 때 회복적 진행자가 회복적 과정에서 개인과 전체 그룹의 욕구를 찾을 때 사용하는 기술을 사용한다. 학습자가 보이는 두려움과 불안함의 신호를 읽으며 도전을 주는 활동을 하며 섬세한 공간을 만들어 간다. 이는 너무 심한 도전을 주는 활동은 지양하는, 기술을 요하는 작업이다. 학습자는 기존에 갖고 있던 특정 개념을 내어놓고 의미 있는 탐구 작업으로 초대된다. 이 작업은 복잡하다. 학습자는 용기 있는 장소로 깊숙이 들어가고 그곳에서 자신의 관점을 변화시킨다. 이는 개방성과 비판적 사고를 요하는 과정이다. 개방성과 비판적 사고는 자기 결정능력과 미래에 대한 책임감에 대한 인식을 높인다.

학습자가 지배적 구조에 대해 솔직하게 말하고 이와 같은 구조를 바꾸려 의식적인 선택을 하는 데 열려 있으려면 자발적으로 안전지대 바깥으로 발을 내딛는 것이 중요하다. 진행자는 학습자가 존중으로 말하고 듣는 능력을 기르고, 어려운 주제로 대화할 때 자신의 생각과 신념을 분명하게 표현할 수 있도록 지원해야 한다. 벨 훅스는 인종과 인종차별에 대해 이야기할 때 이론과 실천을 겸비하라고 강조한다. 그녀는 미국 시민 대부분이 인종차별주의자의 테러와 폭력을 반대하고 인종차별이 사라지는 세상을 바라지만, 이를 위한 건설적인 방법을 이야기하고 대화를 통해 행동에 옮기는 일보다 인종차별에 대해 비판하는 글만 써왔다고 말한다.[10] '잘못됐다'라고 말할 때 생기는 갈등에 대한 두려움과 염려로 사람들은 자신의 관점을 이야기하기를 꺼린다. 주로, 인종에 대한 편견에 대해 이야기하는 것을 힘들어 하는 집단은 가장 많은 특권을 누리는 사람들이다.교사도 포함된다 훅스가 인종차별에 대해 잘못 배워왔던 것을 버려야 하는 작업을 백인 학생과 했을 때, 학생들에게 위험을 감수하는 것을 우선 가치로 삼도록 했다. 이는 학생들이 현 상황에 갈등이 존재한다는 것을 인정하는 것이 부정적이지 않다는 것을 알기 위해 필요한 일이었다. 또, 갈등을 피하거나 거리두기 하기보다 갈등을 직면하고 다루기 위해서도 우선적으로 필요한 일이었다.[11]

인종차별은 늘 선택적이다. 인종차별에 대한 의식을 높이면 인종차별은 내재적이지 않다는 것을 알게 된다. 이 의식수준을 높이는 첫 번째 단계는 자신의 신념과 자동적인 생각이 의식적이든 무의식적이든 인종차별은 다른 종류의 차별과 같은 폭력에 영향을 받았다는 것을 인식하는 것이다. 이상적이라면, 이러한 인식 과정을 통해, 선택에 대해 책임감을 느끼며, 생각을 탈식민화할 수 있는 기회로 여겨 자신의 자동적인 생각과 행동을 바꾼다. 이와 같은 발견과 선택은 학생과 마찬가지로 교사에게도 매우 필수적인 과정이다.

위험을 감수하는 진행의 기술

위험을 감수하는 수업을 진행하는 교사는 학습자가 취하는 다양한 반응에 준비해야 한다. 용기 있는 공간은 변혁과 변화에 필수적이다. 이 공간에서 학습자가 불편함과 어려움을 다소 느끼는 것은 당연하다. 교사는 학습자가 안전지대를 벗어나 최상의 배움이 일어나는 때를 알아차려야 한다. 대니엘 시걸이 제시하는 '수용할 수 있는 범위' 개념은 학습자가 보내는 신호를 알아차리는 데 유용한 도구다. 학습자가 배우는 데 최적화된 지대를 벗어나면 도망가거나 공격반응과 같은 과각성 상태를 보인다. 아니면, 무반응 상태를 보인다. 이 상태의 학습자는 생각할 수 없는 상태, 아무것도 느낄 수 없는 상태, 중단shut down, 수동성, 수치심을 보인다.[12]

일반적으로 사람이 수용할 수 있는 범위 안에 있을 때, 안전함을 느끼고, 호기심 있고, 개방적이며, 공감할 수 있고, 자신과 타인의 경계boundaries를 명확하게 지킨다. 강요로 활동에 참여하게 하거나, 관계나 신뢰가 만들어질 시간이 충분하지 않았거나, 수치심과 비난 섞인 대화가 오고가는 수업은 학습자를 수용할 수 있는 범위 밖으로 내몰며, 이는 개인의 성장과 배움공동체 신뢰 세우기에 치

명적이다. 교사는 교사와 학습자의 정체성이 만들어 내는 역동이 위험을 감수하는 범위에 어떤 영향을 미칠지 고려한다. 공동진행을 할 때 학습자의 정체성에 맞춰 팀을 짜면 학생이 더 안전하게 안전지대를 벗어나 모험을 시도할 수 있다. 교사는 교사가 실수를 할 수 있다는 것을 알고, 의식이 깨어 있기 위해 노력하고, 수업에서 갈등 대화를 하고 모험을 감수할 때 교사와 학습자에게 어떤 배움이 있을지에 대한 호기심을 갖는다. 신뢰를 잃어버리거나 신뢰에 금이 갔을 때는 회복적 가치를 상기하고, 회복적 과정을 실천한다.

사랑과 유머와 겸손 : 어려운 주제로 대화할 때 도움이 되는 가치

교사가 인종과 같이 매우 어려운 주제로 대화할 때 불편함을 견디는 공간을 겸손하게 창조하는 것이 중요한 만큼 학습자가 배움의 기쁨을 느끼도록 지원하는 것도 중요하다. 그래서 학습자가 자신 안에 어려운 주제를 탐색할 수 있는 내면의 자원이 있음을 느끼게 한다. 유머와 사랑, 겸손은 배움공동체에 대한 신뢰의 토대가 되며 신뢰가 있을 때 학습자는 기꺼이 위험을 감수하고 갈등대화를 선택할 수 있다.

> 교사인 우리가 사랑과, 지속적 돌봄, 헌신, 지식, 책임, 존중, 신뢰로 가
> 르칠 때, 교실에서 문제의 중심heart of the matter으로 직진할 수 있다.
> — 벨 훅스, 『공동체를 가르치기』[13]

벨 훅스가 말한 사랑이 배움의 공간에 있을 때 학습자는 자신의 의견을 생각하고 자신의 신념과 인식에 영향을 미친 것을 비판적으로 살펴볼 수 있다.

유머는 교사와 학습자 모두 웃을 수 있고, 불편한 진실을 마주했을 때 자신과 타자를 증오하거나 패배감을 느끼지 않도록 하는 데 도움이 된다. 특히 특권층 학습자가 자신들 유산의 영향을 알게 됐을 때 자기증오나 절망감을 느낄 때가 있다. 진실의 무게를 축소해서는 안 되지만 웃음은 변화의 씨앗이 될 것이라는 믿음과 희망의 원동력이 되기도 한다. 겸손은 모든 사람이 완전하지 않다는 진실을 상기시킨다. 사람은 불완전하기에 자신의 경험, 불확실성, 변화하는 과정에서 의미를 발견한다. 진행자는 새로운 활동을 만들고 수업을 준비할 때 그 안에 사랑, 유머, 겸손이 녹아들 수 있게 해야 한다.

6장. 회복적 정의를 경험중심 활동으로 가르치기

공동체에서 회복적 과정을 진행하는 자원봉사자가 새로 왔을 때, 코치인 내가 그들에게 가장 자주 했던 피드백은 반영하는 말을 더 많이 하고, 화가 나거나 도움이 되지 않는 말은 바꿔 말하는 연습을 하도록 지원하는 것이었다. 동료와 나는 회복적 과정의 성공과 실패가 달려있는 두 가지 핵심 기술이 '반영하는 말하기와 바꿔 말하기'라고 생각한다. '어려운 사람' 변화구를 던져 잘 진행되던 회복적 과정의 흐름을 엎을 수 있는 사람을 가리키는 애정어린 우리만의 호칭이다과 효과적으로 대화할 수 있는 기술이기도 하다. 때로는 진행자가 불확실성 속에서 감정적으로 동요되거나 불편한 순간, 결단력 있게 반영하는 말하기와 바꿔 말하기를 해야 할 때가 있다. 이 필요성을 강조하기 위해, '거울아 거울아' 117쪽와 '바꿔 말하러 달리기' 활동120쪽을 만들었다. 두 활동을 하면서 성찰질문과 바꿔말하기 기술을 어렵지 않게 연습할 수 있다. '거울아 거울아'는 배움 초반부에 반영하는 말을 연습하며 학습자 간 연결감을 형성하는 데 좋고, '바꿔 말하러 달리기'는 배움의 후반부에 시간적 압박을 가미해 진행하면 좋다. 학습자가 웃고, 시간을 앞다투며 활동에 참여할 수 있기 때문이다. '바꿔 말하러 달리기'를 여러 번 진행해 보고 나니, 진행자로서의 역량을 강화하기 위해 놀이에 박진감 있는 언어를 넣어야 할 필요성을 느꼈다. 나와 동료는 두 놀이를 학습자의 상황과 필요에 맞게 수정하고 있다. 이와 같은 방식이 재미있고 적절한 난이도로 놀이를 진행할 수 있는 비결이다.

— 캐틀린 맥고이

이 장은 회복적 과정을 가르칠 때teaching restorative practices, 놀이와 경험중심 활동 설계 6단계를 제시한다. 시나리오를 쓰는 방법과 놀이와 활동 후 깊이 있는 배움으로 초대하기 위해 효과적으로 돌아보기debrief를 진행하는 방법을 소개한다. 활동 설계와 전달 방식은 학습자가 활동에서 한 '작은' 경험을 구조적 문제, 개념, 기술과 같은 '큰' 경험으로 연결할 수 있도록 기획했다.

활동 설계하기 1단계: 자기성찰과 기꺼이 배우고자 하는 마음을 키운다.

회복적 정의를 경험중심 활동으로 설계할 때 첫 번째 단계는 주제와 진행자 자신과의 관계를 성찰하고 주제를 이해하는 시간을 갖는 것이다. 이 시간에 주제와 관련된 나의 역사, 자동적인 생각과 편견을 알고 숙고한다. 훌륭한 교사가 되기 위해서는 교사는 교수 과정을 통해 배우고자 하는 의지가 있어야 한다.

본격적으로 활동을 설계하기 전에, 주제와 관련된 나의 필요와 자동적인 생각을 혼자서 곱씹거나 동료와 이야기하는 시간을 갖는다. 이 활동이 나의 세계관과 미래에 내가 바라는 세상에 대한 생각과 어떤 연관성이 있는가?

이와 같은 자기성찰은 끝이 없다. 자신의 기준 틀을 정직하게 숙고하는 과정 중에 불안정감, 의심, 취약성을 느끼기 쉽다. 또 불편함을 경험하거나 중요한 개인적 전이shifts를 경험할 수 있다는 것을 인지하고, 이와 같은 과정을 함께 이해하고 이야기할 사람을 미리 생각한다.

활동 설계하기 2단계: 공동체의 필요를 알고 배움 목표를 설정한다.

진행자가 알고 있는 학습자들의 필요를 확인한다. 학습자가 어려워하는 기술이나 개념이 있는가? 그룹과 함께 탐구하고 싶은 문제는 무엇인가? 예를 들어, 열린 질문 만들기가 어려워 열린 질문을 연습하고 싶은 그룹과 작업할 수 있다. 어쩌면 회복적 과정에서 개인의 피해를 회복하기 위한 약속을 정하는 단계에서 창의성을 발휘한다는 것이 생소한 그룹도 있을 수 있다. 어떤 그룹은 범죄와 갈등을 다룰 때 회복적 접근이 다른 접근과 다르다는 점을 이해해야 할 필요가 있을 수 있다. 진행자는 학습자의 욕구와 필요를 파악해 그룹에게 전환적 배움이 가능한 적확한 난이도로 진행을 준비한다.

공동체의 구체적인 필요를 확인한 후에 학습 목표를 정한다. 예를 들어 앞 단락에 제시한 사례의 학습 목표는 다음과 같다.

- 학습자는 적절할 때 열린 질문을 만드는 기술을 실습한다.
- 학습자는 회복적 과정에서 동의하기 단계의 목적과 가능성을 탐색한다.
- 학습자는 회복적 접근이 다른 접근과 차별화된 특성이 무엇인지 경험한다.
- 학습자는 범죄와 갈등의 뿌리인 구조적 요인을 비판적으로 이해하고 경험한다.

진행자가 학습 목표를 분명하게 세우면 교육과정을 설계하고 되돌아보는 과정에서 목표를 되짚으며 활동을 설계하고, 성찰할 수 있다.

활동 설계하기 3단계: 창조성을 발휘한다. 모델과 은유를 개발한다.

목표를 세운 후부터 이제 당신의 창조성을 발휘할 시간이다. 새로운 기술과 개념을 학생이 이해하는 데 도움을 주는 것은 무엇인가? 학생이 이해하는 데 도움이 되는 은유나 개념 모델은 무엇인가? 활동을 설계할 때 은유와 개념을 창의적으로 설명할 수 있는 방법은 무엇인가? 학습자는 은유라는 상상의 방법을 사용하거나 시각화된 모델을 통해 배울 때 더 잘 배울 수 있다.

8장에서 소개하는 놀이와 활동은 대부분 은유나 개념 모델을 축으로 한다. 예를 들어, 어떤 피해가 발생했을 때 피해에 반응하고 해결방법에 대한 동의를 이끌어낼 때 '상자'라는 은유를 사용하여 창의적인 생각을 통해 상자 밖으로 나올 수 있도록 한다. 이 놀이의 이름은 "상자 탈출"이다. 실제로 학습자가 팀별로 큰 상자에 들어가 문제를 해결할 수 있는 창의적인 안을 내 놓을 때 상자에서 나올 수 있다. '사회적 훈육 창 관점 경험하기'라는 활동은 학습자가 사회적 훈육 창을 소개하는 모델을 깊이 성찰하기 위해 만든 놀이이다. 학습자는 사회적 훈육 창이 그려진 공간에 서서 실제 사례로 접근방식에 따라 상황을 시연하는 활동을 한다. 학습자는 이 활동을 통해 회복적 접근이 독재적, 온정적, 방임적 접근과 다른 점을 배우고, 회복적 접근을 자기 것으로 소화할 수 있다. '둥지 짓기' 활동에서는 실제로 벌어진 사건에 사회적 요인이 어떤 영향을 미치고 있는 지 살펴보는 갈등 둥지 이론을 배운다. 8장에서 소개하는 활동을 공동체에서 다뤄보며, 진행자로서 활동을 설계할 때 은유와 이론 모델을 활용해 자연스럽게 창의적인 활동을 창조하기 시작하게 될 것이다.

활동 설계하기 4단계: 활동을 설계한다.

창조적인 틀을 만든 후에는 교육 목표와 관련된 학습자의 경험을 어떻게 촉진할 것인지에 대해 생각해 본다. 활동을 어떻게 구성하고 설명할 것인가? 학습자에게 무엇을 하게 할 것인가? 활동의 분위기는 재미있게 할 것인가? 성찰적인 분위기를 만들 것인가? 고요한 분위기를 만들 것인가? 빠르게 진행할 것인가? 속도에 변화를 줘 침묵하는 공간을 만들 것인가? 활동을 실제 삶과 어떻게 연결지을 수 있는가? 부담은 적고 재미있게 활동하며 기술을 익히는 분위기를 어떻게 만들 수 있는가? 학습자가 배움의 현장에서 경험한 것을 보다 정의롭고 공평한 세상을 위한 장기적인 비전과 연결하는데 도움을 줄 수 있는가?

회복적 실천은 패러다임 전환 없이 불가능하다. 그래서 학습자가 새로운 사고방식을 발견할 수 있는 공간을 제공하는 것이 중요하다. 이 공간에서 학습자는 우리 삶에 뿌리박혀 있는 응보적 시스템이 영향을 준 조건적 행동과 사고방식을 해체한다. 해체 과정에서 학습자는 자신에 대한 생각을 바꾸는 경험을 하는데 이 때 진행자의 촉진과정이 동반된다. 이 작업을 효과적으로 하려면 진행자는 활동의 단계마다 학습자의 의미있는 성찰 경험을 위한 진행 방안을 충분히 생각해야 한다.

경험 중심 활동과 놀이에서 모의 갈등 시나리오나 범죄 시나리오를 자주 사용한다. 적절한 시나리오를 작성해서 배움의 효과를 극대화할 수 있어야 한다. 한 활동을 할 때 여러 개의 시나리오를 활용해 활동의 깊이를 더해가거나, 다른 관점에서 주제를 바라볼 수 있는 토의로 이끈다.

진행자는 시나리오를 쓸 때 활동의 목표를 상기하고, 참여 그룹이 토론했으면 하는 내용이 무엇인지 곰곰이 생각한다. 그 후 자신의 삶과 진행 경험을 성찰하는 시간을 갖는다. 최고의 시나리오는 삶의 경험으로부터 온 영감을 바탕으로 쓰인다. 수업에서 진행하는 단계에 맞춰 시나리오를 쓰면 가르칠 때 용이하다. 아니면, 당신 자신의 삶을 성찰하며 시나리오를 쓴다. 갈등이나 피해를 주었거나 받았던 시간을 떠올려 본다. 이전의 개인이 갖고 있던 지식을 바꿔야 했던 경험이나 복잡했던 사건은 실제 삶과 밀착된 시나리오를 만드는 데 도움을 준다.

시나리오를 작성하는 동안 잠시 멈춰 자신의 자동적인 생각이 무의식적으로 영향을 준 요소는 없는지 살핀다. 피해나 갈등을 유발한 사람의 이름이 특정 인종의 이름은 아닌가? 피해를 받은 쪽의 이름은 어떤가? 등장인물의 성별은 어떤가? 내가 작성한 시나리오가 선입견을 강화하고 있는가? 아니면 선입견을 일깨우는 역할을 하는가? 학습자 간 대화를 촉진하기 위한 의도로 구성한 시나리오는 자동적인 생각을 직면하고 도전하고, 학습자의 살아 있는 경험을 명료하게 해 주는 강력한 도구다. 진행자인 당신은 어떻게 이 기회를 통해 소외된 공동체에서 온 학습자의 목소리에 권한을 줄 수 있을까? 진행자는 학습자들이 다양한 의견과 관점, 경험을 솔직하게 나누며 존중어린 대화를 이어갈 수 있도록 준비해야 한다.

활동 설계하기 5단계: 돌아보기를 설계한다.

경험 중심 활동에 필요한 시나리오를 작성한 후 다음 단계는 돌아보기 활동을 어떻게 진행할지 생각하는 것이다. 진행자는 사회 문제에 대한 비판적 성찰을 비롯한 의미 있는 대화를 어떻게 촉진할 것인가? 되돌아보는 시간을 잘 활용하면, 학습자는 새로운 배움과 기술, 활동에서의 경험을 새로운 시각과 의미에서 바라볼 수 있다.

학습자는 돌아보기 시간을 통해 활동에서 경험한 것과 자신의 세계관과 기준 틀을 통합한다. 학습자는 돌아보기 시간을 통해 자신이 사회 연결망 속 존재임을 보기 시작하고, 배움의 공간을 넘어 사회적 시스템에 영향을 미치는 자신의 역할과 기회를 꿈꾼다. 학습자가 새로운 정보를 기존 세계관과 기준 틀에 통합할 것이라 가정해 돌아보기 시간을 생략하면, 학습자의 배움 경험이 흐려질 위험이 있다.

효과적인 돌아보기는 학습자가 활동에서 경험한 '작은' 배움이 보다 '큰' 세계의 문제나 개념과의 연결을 촉진하는 것이다. 학습자가 본인의 의사와 관계없이 피해를 주게 되는 구조적 문제와 같이 어려운 주제에 대해 대화할 때 불편함과 긴장감이 생긴다. 어려운 주제가 수면에 떠올라 그룹이 이를 성찰할 때 진행자는 불편함을 포용하며 존중과 책임이라는 가치 위에 용기 있게 대화를 이어가는 모범을 보여야 한다.

범죄 시나리오를 다룰 때, 대화는 범죄의 원인이 되는 불공평한 환경과 이러한 환경을 바꿔야 하는 사회적 책임에 대한 철학적 문제로 발전하기 쉽다. 이러한 대화는 회복적 정의가 단순히 개인의 문제, 대인관계의 문제로만 초점이 좁혀지지 않고 구조적 문제를 다루는, 필요하고 가치 있는 순간이다. 개인의 문제와 거시적인 구조적 문제를 균형 있게 다루는 것은 쉽지 않은 과제다. 그러나 이와 같은 균형적 관점으로 대화할 때 그 효과는 강력하다.

의미 있는 성찰을 촉진하는 돌아보기 질문 예

- 당신에게 그것은 어땠는가?

- 당신에게 쉬웠던 것과 다소 어려웠던 것은 무엇인가?

- 이 활동이 당신이 _____ 에 대해 느끼는 것/생각하는 것을 어떻게 바꿨는가?

- 이 기술을 연습하면서 당신이 자신에 대해 발견한 것은 무엇인가?

- 이 경험이 당신의 살아 온 경험과 어떤 관련이 있는가?

- 이 활동이 당신이 _____ 을 더 잘 이해하는 데 어떤 도움이 되는가?

- 이 활동이 회복적 실천가인 당신의 역할과 어떤 관련이 있는가?

- 당신이 삶과 일에서 이 배움을 적용할 때 예상되는 어려움은 무엇인가?

- 이 활동을 통해 드러난 문제는 무엇인가?

돌아보기 활동을 효과적으로 진행하는 비결

- 서두르지 않는다.

- 학습자가 동등하게 말할 수 있는 환경을 만든다.

- 학습자가 의견을 말할 때 그 의견을 소중히 여긴다. 학습

자가 주제에 대해 의미 있는 성찰을 할 때 이를 끌어 낸 공동의 지혜를 환영한다. 학습자의 나눔이 진행자가 설정한 학습목표와 연결될 경우 연결시킨다. 연관 질문을 통해 학습자의 성찰과 질문을 더 깊게 한다.

■ 학습자가 생각을 표현할 때 잘못됐다고 지적하지 않는다. 대신, 다르게 생각할 수 있도록 지원한다. 처음에는 학습자가 진행자가 소개하는 개념을 받아들이지 않거나 회의적 태도를 취하거나 문제가 있다고 생각할 수 있다. 학습자의 관찰을 무시하거나 고쳐주기보다 존중이 담긴 열린 질문을 하며 학습자의 신념이나 반응을 성찰한다. 공동진행을 할 경우, 학습자로부터 도전적인 피드백을 받았을 때 공동진행자와 서로 지원을 주고 받을 수 있도록 준비한다.

활동 설계하기 6단계: 경험적 활동을 돌아보고 개선한다.

마지막 단계는 설계한 활동을 전체적으로 살피고 진행 시 잘 된 부분과 어려웠던 부분을 성찰하는 것이다. 진행자가 끊임없이 성찰하고 활동을 수정할 때 창의적인 수업이 나온다. 회복적 교수법은 가르치는 자와 배우는 자 사이의 위계 관계를 수평화하는 작업이다. 가르치는 과정에서 매 순간마다 진행자는 학습자로부터 배우는 경험을 한다. 이와 같이 가르칠 때 진행자에게 상당한 주의력과 기술, 용기가 필요하다.

　따라서 우리는 진행자가 자신과 뜻이 같은, 회복적 교수법으로 진행하는 동료를 찾아 함께 협력하여 창의적인 과정을 창조해 가기를 추천한다. 팀으로 협력할 때, 진행자 간 서로가 보지 못하는 부분을 볼 수 있고, 미처 알아채지 못한 편견이나 자동적 생각을 알아차리는 고통스러운 배움의 과정을 겪으며 서로를 지원할 수 있다. 의미 있는 배움, 변혁적 배움, 경험학습을 추구하는 진행자들이 팀으로 함께 활동을 설계할 때, 진행자가 먼저 용기 있게 취약성을 나누고 이를 지원하는 배움 환경을 창조할 수 있다. 이를 통해 모든 학습자는 보다 강력한 경험으로 초대된다.

7. 활동 중심 수업과 연수 설계하기

롱먼트 커뮤니티 저스티스 파트너십Longmont Community Justice Partnership에서 자원 봉사 진행자 연수 때 일이다. 워크숍 목적은 기본적인 진행 기술을 익히는 것이었다. 낯선 사람들과 워크숍을 받을 때 학습자는 긴장하고 다른 사람 앞에서 위험을 감수하기를 꺼렸다. 우리는 연수 일정을 계획할 때 이를 고려했다. 아침 시간은 놀이로 열며 관계를 만들어 갔다.활동: '또 봐요!' 오후에는 위험과 취약성을 감수하는 기술을 익히는 놀이를 진행했다.활동: '고양이는 호기심을' 좋아해' 또는 '얼굴이 달라져요' 일정을 마무리할 때에는 심화된 기술을 익히고 팀이 성취감과 재미를 느낄 수 있는 놀이를 진행했다. '상자탈출' 또는 '바꿔 말하러 달리기'

이와 같은 일정은 학습자가 편안함과 연결감 속에서 진행 기술을 익힐 수 있게 해주었다. 우리는 진행자로서 학습자에게 회복적 과정이라는 주제가 갖는 무게감을 존중하는 동시에 너무 심각하지 않으면서 생기 있는 진행이 가능하다는 것을 보여주고 싶었다. 우리는 학습자들이 놀이에 몰입하며 단번에 모든 것을 '올바르게' 해야 한다는 부담감에서 자유로워지는 것을 보았다. 연수가 끝나자 또 하나의 새로운 공동체가 출현했다. 학습자들이 연수를 받는 동안 우정을 다지고, 회복적 정의가 주는 희망을 보고, 그 희망 안에서 자신의 역할을 보았기 때문이다.

－ 캐틀린 맥고이

7장은 수업이나 연수에서 활동과 경험중심 수업을 기획하는 방법을 제시한다. 지금까지 회복적 정의를 가르칠 때 놀이와 활동의 유용성이 무엇인지, 진행자가 어떻게 준비되어야 하는지, 활동을 기획할 때 단계별로 무엇을 해야 하는지 살펴 보았다. 이 장은 수업에서 전체적인 활동안을 어떻게 구성해야 하는지를 제시하며 단계는 크게 '준비, 설계, 전달, 자기성찰'로 이루어진다. 진행자의 수업설계와 전달방법에 대한 의도는 배움의 효과에 큰 영향을 미친다.

회복적 배움을 단계별로 설계하기

다음에 제안하는 단계는 당신이 전체 교육 과정을 설계하는 데 도움을 줄 것이다.

수업 준비 1단계: 목표 세우기

6장에서 소개한 활동 설계하기 2단계 - 필요를 확인하고 학습목표를 세우는 단계에서 나온 질문을 한다. 교사인 당신이 수업 후 학생들이 이해하거나 할 수 있기를 바라는 것은 무엇인가? 이 단계의 배움에서 학습자가 특별하게 익혀야 할 기술이 있는가? 학생이 실습하고 익혀야 하는 기술 한 두 가지를 생각한다. 이 기술을 강의, 경험학습, 성찰 활동을 적절히 활용해 어떻게 가르칠지 생각한다. 기술을 바탕으로 하는 이론적 토대를 생각한다. 다양한 활동을 통해 이론과 기술을 연결시키고, 배움의 위계에 따라 다양한 활동을 엮는다.

학습자가 배워야 하는 지식과 기술을 토대로 수업목표를 기술한다. 교육목표의 예는 다음과 같다.

- 학습자는 긍정적인 질문하기와 되돌려 말하기 활동을 통해 자기책임 지기를 하도록 돕는 기술을 연습한다.
- 학습자는 회복적 과정에서 강점 중심으로 약속을 정하는 단계를 이해하고, 이에 필요한 진행 기술을 익힌다.
- 학습자는 다양한 회복적 모델이 필요한 이유와 다양한 회복적 모델의 효과성을 이해하고, 각 모델을 상황에 따라 구분해 사용한다.
- 학습자는 개인의 선택에 구조적, 시스템적 권력이 미치는 영향을 이해하고 이 권력이 회복적 과정에서 어떻게 영향을 미치는지 밝힐 수 있다.
- 학습자는 자기조절의 중요성을 인식하고 회복적 과정을 진행할 때 현존하는 능력을 키운다.

수업내용을 설계할 때 지속적으로 수업목표를 참고하면 수업을 보다 조직화하고 명료화할 수 있다.

수업 준비 2단계: 아젠다 설계하기

아젠다는 수업이나 연수에서 지도와 같다. 진행자가 아젠다를 작성할 때 수업에 대한 생각과 창의성과 함께 참여자를 어떻게 돌볼지 더 많이 생각할수록 수업을 보다 더 구조적이고 유연하게 이끌어 갈 수 있다. 아젠다를 작성할 때 누가 무엇을 전달하고, 진행해야 하는지 명시한다. 이 아젠다는 수업에 대한 소중한 기록지이다. 진행자는 수업에서 돌아보기 활동을 진행하고, 다음 수업을 기획하고 진행할 때 아젠다를 참고한다.

수업의 목표와 참여 그룹의 상황을 고려한 후, 수업의 구체적인 구조를 생각한다. 학습자가 안전지대를 벗어나는 위험을 감수할 수 있는 속도를 고려해 활동의 순서를 점진적으로 구성한다. 학습자가 아직 준비가 되지 않았거나, 적절한 신뢰 관계가 형성되지 않았는데 놀이로 몰아가면 학습자는 저항하거나 그룹과 거리감을 느낄 수 있다. 초반에는 학습자들이 서로 연결될 수 있도록 관계 세우기 활동부터 시작한다. 초반 활동은 웃을 수 있는 활동으로 설계한다. 관계가 세워지면, 이전보다 어렵고 위험을 감수해야 하는 놀이를 한다. 마지막 활동으로 학습자가 워크숍에서 배운 기술을 적용하거나 배운 것을 통합하는 시간을 계획한다. 수업 마지막에 워크숍 동안 학습자를 관찰한 것을 바탕으로 그룹의 성취와 연결되었던 순간을 중심으로, 긍정적으로 말하면서 워크숍을 마무리한다.

혹은 이 수업에서 배운 내용을 실제 상황에서 구체적으로 활용할 수 있는 예를 들며 마무리한다.

진행안을 짤 때 수업 내용에 학습자의 삶의 경험을 연결하고 싶으면 학습자의 필요에 따라 진행하는 유연한 진행안을 만든다. 강의와 경험 활동을 적절하게 배치하고 학습자의 학습 방식^{시각 중심,} ^{운동반응 중심, 청각 중심}을 고려하는 교수법을 사용한다.

> 시각 중심 학습자는 정보가 시각적으로 제시됐을 때 가장 잘 이해한다. 운동 중심 학습자는 손과 몸을 써 새로운 정보를 배울 때, 청각 중심 학습자는 들을 때 가장 잘 학습한다.

놀이와 활동은 돌아보기 시간을 충분히 확보할 수 있을 때 하는 것이 효과적이다. 돌아보기 활동은 보석과 같은 성찰과 실제 삶에서의 적용이 나누어지고 통합되기에, 가장 중요한 배움의 순간이다. 이를 위해 유연한 시간 확보가 필요하다. 이상적인 진행안은 진행자가 학생들의 질문과 생각에 반응할 수 있는 시간을 확보해 두는 것이다. 진행자가 항상 계획한 시간을 의식하며 활동을 진행하는 것이 중요하나, 그 시간대로 진행되지 않아도 학습자가 배우는 과정에서 실제 필요한 시간을 존중하고 수용하는 것이 중요하다. 진행자는 배움의 과정에서 학습자가 발견한 것과 도출한 결론이 진행자가 기대한 것과 다르고 진행자를 도전하는 지점이 출현할지

라도 수업의 방향이 잘 진행되고 있다는 것을 알아야 한다.

진행자가 효과적으로 진행안을 설계할 때 도움을 되는 추가 질문은 다음과 같다.

- 학습자는 누구인가?
- 그들의 배경은 무엇인가?
- 어떤 방법을 쓸 것이며 어떤 자료가 필요한가?
- 언제, 어디서, 얼마나 오래 수업이 진행되는가?

장소가 결정되면 어떻게 모든 학습자들이 편안하게 느끼는 수업 환경을 만들지 생각한다. 예를 들어, 경찰서, 교회, 법원과 같은 장소에서 수업을 진행할 때 어떤 학습자는 취약함, 위협, 두려움을 느끼고 용감하게 자신의 이야기를 말하는 것을 꺼릴 수 있다. 진행 후 평가는 어떻게 할지 생각한다. 진행자 간 피드백을 하고 성찰하는 시간을 시간표에 넣는다. 이 시간에 그날 배운 것을 기록하고 다음 수업 준비를 할 수 있다.

수업준비 3단계: 팀으로 가르치기 공동 진행하기

당신이 다른 사람과 함께 가르칠 경우, 당신의 수업 방식이 어떤지 이야기를 나눠라. 팀으로 가르칠 때 모든 활동은 회복적 페다고지의 가치를 토대로 준비한다. 전통적인 교실의 위계적 관계가 아니라, 학생과 교사가 대화할 수 있는 관계 중심적인 환경을 만든다. 교사는 학생들의 관계성을 키우는 모든 활동에 참여하여 함께 배운다는 의미에 대한 모델을 보여주며 교사는 전문가라는 인식을 바꿔준다. 수업 안에서 어떤 교사가 활동을 진행할지에 대한 역할을 명확히 하며, 이 때 수업에서 모든 교사의 목소리가 공평하게 들려지도록 한다. 우리는 팀으로 진행할 때 돌아보기 활동은 활동을 진행하지 않았던 교사가 진행한다. 돌아보기 진행자는 활동을 할 때 모든 학생을 관찰할 수 있기 때문에 활동 진행자가 알아차리지 못하는 말의 뉘앙스를 알 수 있기 때문이다. 한편으로, 활동 진행자는 돌아보기 시간에 활동 중 자신이 내렸던 결정과 반응을 성찰할 수 있는 시간을 가질 수 있다.

활발하게 진행한다. 공동 진행자와 학생에게 기대하는 태도를 자신이 먼저 보여줄 수 있다면 좋다. 회복적 정의를 가르치는 배움의 공간의 분위기는 진지하고 예의를 갖추는 동시에 기쁨과 활기가 넘쳐야 한다. 청소년이나 처음 진행하는 사람과 팀으로 가르칠 경우, 당신이 상대를 어떻게 지원할지 미리 알려주어 상대가 자신감을 갖고 진행할 수 있도록 돕는다. 팀에서 동료와 심각한 갈등이나 긴장이 있을 경우, 이를 해소하는 방법을 모색한다. 수업 전에 서로를 어떻게 대할지 동의된 약속을 정한다. 아니면 수업 시간에 학생에게 팀 내의 갈등을 투명하게 드러내 이를 수업 내용으로 활용한다.

수업준비 4단계: 전달과정의 기본 팁

벨 훅스는 그녀가 대학에서 가르친 경험을 바탕으로 다음과 같이 말했다. "탁월하고 품위 있는 교사는 가르치는 순간 온전히 현존한다. 그 시간에 온전히 집중하고 또 집중한다. 교사의 마음이 다른 곳에 있고, 가르치는 순간에 온전히 현존하지 않으면 그 가르침은 훼손된다."[1]

회복적 진행자가 피해에 책임이 있는 사람과 피해를 입은 사람이 만나는 회복적 과정을 효과적이고 정교하게 진행하려면 온전히 현존해야 한다. 회복적 과정을 가르치는 교사 역시 마찬가지다. 온전히 현존해야 가르침의 책임을 감당할 수 있다.

인사와 환대로 수업 장소에 도착한 학습자를 맞이하며 수업을 시작한다. 설명을 할 때 명료하고 자세하게 전달한다. 서클로 연결하는 시간은 학습자가 자신을 소개하고 연결감을 경험하며 배움을 시작하는 데 효과적이다. 교사로서 자신이 누구인지, 앞으로 다룰 주제에 대해 어떤 재능과 한계를 갖고 있는지 나눈다. 이와 같은 시작은 전통적인 배움 환경의 교수방식 보다 교사에게 더 많은 개방성을 요구한다. 교사의 개방성은 학습자가 참여하고 활동할 때 얼마나 개방할지 조절하는 기준에 영향을 미친다. 따라서 교사는 시작부터 자신의 개인적 경험을 얼마나 개방할지 고려한다. 교사는 자신이 왜 이 수업을 가르치는지, 수업 내용과 자신은 어떤 관계성이 있는지, 힘과 억압의 구조에서 자신의 역할을 어떻게 이해하고 있는지, 지금 하는 작업이 보다 정의로운 세상을 이루기 위한 자신의 꿈에 어떻게 기여하는 지를 이야기한다. 장황하게 이야기하기보다 간결하게 이야기하도록 한다. 이와 같이 진행자가 자신의 여림을 드러내는 것은 학습자에게 펼쳐지는 이 공간이 누구나 자신의 여림을 드러낼 수 있는 공간임을 알리는 초대이다.

다음으로, 학습자에게 이 수업에서 전달하는 내용과 참여를 통해 무엇을 기대할 수 있는지 안내한다. 수업의 대략적인 활동을 소개하고, 쉬는 시간, 화장실 위치, 음식, 물 등 기본 욕구 충족과 관련된 안내를 하고, 학습자의 자기돌봄을 환대한다. 수업의 목표를 제시하고, 공동체 약속을 만든다. 처음부터 용기 있는 공간을 위한 지침을 만든다. 교사와 학습자 간의 위계적 관계 구조를 최소화하는 방법으로 교사와 학습자가 협력하여 공동체 약속 만들기, 참여할 때 서로에게 기대하는 것 만들기가 있다.

학습 방식과 수업 방법을 안내하며, 이 자리에는 모두의 목소리가 동등하게 들려지는 것이 중요하고 모두가 모두에게 배운다는 것을 강조한다. 학습자에게 수업 시간에 배운 기술과 개념을 실제 삶에서 적용하도록 제안하고, 모든 목소리가 들려질 때 그룹의 배움이 극대화된다는 것을 알린다. 학습자가 질문을 하고, 인정을 하고validation, 생각을 더하며 목소리를 낼 때 모두의 목소리가 들려지는 환경에 학습자도 책임을 지게 된다. 동등하게 목소리를 내는 것에 대해, 학습자가 자신이 얼마나 자주 이야기를 하는지 알아차리고 다른 사람도 기여할 수 있는 공간을 창조하기 위해 멈추는 것을 스스로 선택할 수 있도록 안내한다.

수업준비 5단계: 전체 배움의 경험 돌아보며 성장하기

수업이 끝나면 수업에서 펼쳤던 활동 과정과 순서가 적합했는지 살핀다. 가능하면 수업이 끝난 후 바로 공동 진행자와 성찰활동을 한다. 수업의 목표 면에서 내가 얼마나 성장했는지 이야기하고 팀으로서 진행자들이 학습자의 참여에 얼마나 기여했는지 비판적으로 성찰한다. 각 활동마다 대체할 수 있는 다른 활동은 무엇인지, 다음에 진행할 때 목표에 더 부합하는 활동을 한다면 어떤 활동을 만들어야 하는지 브레인스토밍을 한다. 수업에서 다룬 내용을 바탕으로, 학습자가 새로운 기술을 지속적으로 배우고 배운 내용을 활용할 수 있도록 어떻게 지원할 수 있는지 계획을 세운다. 당신이 잘한 부분을 인정하고 축하한다.

8. 공동체를 위한 놀이와 활동

이번 장은 수업에서 놀이와 활동을 진행하는 방법과 놀이와 활동 후 학습자와 경험한 것을 성찰하는 돌아보기debrief 활동을 소개한다. 진행자는 학습자에게 전하고자 하는 다양한 주제와 기술을 놀이나 활동으로 기획한다. 이 책에서 제시하는 놀이나 활동 외 추가적인 유인물과 설명은 www.restorativeteachingtools.com에서 확인할 수 있다.

놀이 진행 전에 살피는 세 가지 공통 지침

세 가지 지침guidelines을 통해 놀이와 활동의 적합성을 판단할 수 있다. 먼저, 성장과 변화는 불편함에서 온다는 것을 기억하라. 우리는 놀이 대부분에 규칙을 더할 수 있다. 규칙을 더할수록 놀이가 어려워진다. 놀이가 어려울 때 참여그룹은 안전지대를 벗어나, 새로운 기술을 습득하고자 한다. 참여 그룹에게 놀이가 너무 쉬우면, 흥미를 잃고 시간낭비를 하고 있다고 생각하기 쉽다. 둘째로, 같은 그룹에게 연수를 계속 진행하는 상황이라면 학습자가 연수기

획에 참여해 기획과 진행에 기여할 수 있도록 한다. 특히 어린 학생들과 작업할 때 이 부분은 중요하다. 학생들에게 가상 시나리오를 적어 오게 하면 그들이 실제 삶에서 마주치는 경험과 연관된 놀이를 만들어 온다. 학생과 같이 진행하거나 학생 혼자 진행하도록 한다. 우리는 학생이 놀이를 진행할 때, 놀이를 통해 변화되고, 모두가 즐겁고, 박장대소하는 경험을 했다.

셋째로, 모든 학습자가 소속감을 느낄 수 있도록 놀이를 수정한다. 실제로, 학습자의 신체적 능력이 다양할 때, '바꿔 말하기 경주' 놀이에서 뛰는 활동은 하지 않는다. 학습자가 바꿔 말할 준비가 됐을 때 액자로 뛰어가기보다, 소리를 내거나 종을 울리게 한다. 학습자의 읽기 능력이 다를 때 진행자는 시나리오를 소리 내어 읽고, 중요한 부분을 강조하기 위해 음조를 바꾸거나 몸짓을 더한다. 학습자 모두가 소외감을 느끼지 않도록 활동을 수정하는 일은 어떤 것이라도 가치 있다.

8.1 관계를 세우는 놀이와 활동

그룹이 관계를 세우는 데 도움이 되는 놀이를 소개한다. 아래와 같은 놀이는 아이스 브레이커의 어색함을 깨는 활동을 넘어 학습자 간 의미 있는 연결을 지원하고, 회복적 과정에서 관계 세우기가 중요한 이유를 배울 수 있다.

또 봐요!

- **목표**: 학습자는 관계를 세우기 놀이를 통해 서로를 알아가고 쉽게 연결된다. 하루를 웃음으로 시작한다.

- **자료**: 발견 질문 다섯 개에서 여덟 개가 담긴 목록. 처음 이 놀이를 할 때는 아래 제시된 질문을 사용하고, 점차 자신만의 질문을 추가한다,

- **설명**: 한 팀에 네 명 정도 들어가도록 학습자를 나눈다. 진행자가 발견 질문 한 개를 묻는다. 팀 내에서 한 사람씩 돌아가며 질문에 답한다. 팀원 모두 질문에 답하면 재빠르게 '승리자'를 고른다. 예를 들어, 형제자매가 가장 많은 사람, 가장 멋진 양말을 신은 사람, 특이한 애완동물을 기르는 사람 등이 될 수 있다. 모든 팀원이 승리자에게 "또 봐요!"라고 외치면, 승리자는 왼쪽 팀으로 이동한다. 발견 질문에 답하다 보면 이야기가 길어질 수 있기 때문에 팀 간 끝나는 시간이 다르다. 진행자는 시간을 조절해야 한다. 정해진 시간이 지나면 시간이 끝났음을 알려주고, 팀원들이 승리자에게 "또 봐요!"라고 인사한다.

승리자가 다른 팀으로 이동하면, 진행자는 두 번째 발견 질문을 한다. 팀의 크기나 시간에 따라 이야기 나눔 횟수는 다를 수 있지만, 보통 다섯 개의 나눔 질문을 준비한다. 놀이가 의미 있으려면

질문의 순서가 잘 기획되어야 한다. 첫번째 질문은 쉽고, 취약성을 덜 드러내는 질문으로 한다. 놀이가 진행되면서 학습자가 자신을 드러내는 위험을 감수할 수 있도록 초대한다. 참고로, 아래 발견 질문을 눈으로만 봤을 때는 꽤 경쟁적인 활동이라 생각할 수 있지만 일단 활동을 시작하면 신나는 놀이인 걸 알게 된다.

발견질문 예:

- 형제 자매가 가장 많은 사람은?

- 이름이 가장 멋진 사람은?

- 가장 낯선 음식을 먹어본 사람은?

- 가장 멋진 교통수단을 타고 여행한 사람은?

- 가장 흥미로운 취미를 가진 사람은?

- 가장 이상한 직업을 가진 사람은?

- 1분 동안 가장 유명해질 수 있는 사람은?

- 가장 힘들게 학창 시절을 보낸 사람은?

- 어렸을 적 꿈과 가장 비슷한 직업을 가진 사람은?

- **돌아보기**debrief: 다른 사람에 대해 알게 된 새롭거나 흥미로운 점은 무엇인가? 이 활동은 회복적 실천과 어떻게 연결되는가?

- **수확하기|lesson**: 학습자들이 책임을 져야 하는 대화나 어려운 주제의 대화를 진행할 때 진행자가 학습자 사이를 연결하는 것은 매우 중요하다. ' 또 봐요!' 활동을 통해 우리 모두가 독특한 이야기를 가진 존재라는 것을 깨닫는다. 이 활동을 통해 긴장감을 낮추고 학습자들이 연결감을 느끼도록 돕는다.

8.2 회복적 철학을 이해하는 놀이와 활동

회복적 철학과 갈등과 잘못된 일에 대한 접근방식을 보다 깊게 이해할 수 있는 놀이와 활동을 소개한다.

사회적 훈육 창 관점 경험하기|Social Discipline Window Shuffle

- **목표**: 학습자는 갈등과 행동 문제, 피해에 대한 회복적 관점을 배우고 익힌다. 회복적 접근 방식과 다른 접근 방식의 차이를 이해한다.

- **자료**: 교실 바닥에 마스킹 테이프와 종이를 이용해 크게 사회적 훈육 창을 만든다. 네 개의 면에 '방임' '징벌', '허용', '회복'이라고 각각 적는다. 학습자와 관련이 있는 갈등 시나리오를 준비한다. 학습자가 학교 교직원이면 학교 배경 시나리오를 준비해 이 이론이 자신의 일, 일상과 연관된다고 느끼게 한다. 네 명 이상 참여해야 놀이를 할 수 있

다.

- **활동**: 사회적 훈육 창에 대한 기본 설명을 한다. 사회적 훈육 창은 사회적 기준과 그에 따라 행동하도록 하는 네 가지 기본 접근방식이다.[1] 네 가지 접근 방식은 통제의 수준과 지원의 수준에 따라 나뉜다. 징벌적인 '~에게' 접근 방식은 높은 수준의 통제와 혹은 행동에 대한 기대수준이 높음 낮은 수준의 지원이 이뤄진다. 허용적인 '~위한' 접근 방식은 높은 수준의 지원과 낮은 수준의 통제혹은 행동에 대한 기대 수준이 낮음가

〈 사회적 훈육 창 〉
테드 왓첼의 "회복을 정의하기"에서 발췌,
International Institute for Restorative Practices, 2016

이뤄진다. 방임적인 '~없는' 접근 방식은 낮은 수준의 지원과 통제가 이뤄진다. 회복적인 접근은 높은 수준의 통제가 이뤄지지만, '~위한'이나 '~에게' 방식이 아니라 '~함께' 협력하는 방식이다. 각각의 접근 방식을 일상의 예를 통해 쉽게 설명할 수 있다. 우리는 진행할 때 같이 사는 사람이 설거지를 자주 하지 않을 때를 예로 들어 방임적인, 허용적인, 징벌적인, 회복적인 접근을 소개한다.

'사회적 훈육 창' 설명이 끝나면 팀을 네 팀으로 나눈다. 네 개의 접근 방식을 종이에 각각 써서 하나씩 각 팀에 나눠준다. 아무도 각 팀의 종이 내용을 모른다. 각 팀은 종이에 적힌 것을 확인하고, 팀에서 함께 읽는다. 팀은 1분 동안 함께 종이에 적힌 방식에 따라 갈등에 대한 대응 방식을 만든다. 예를 들어 온정적인 접근방식을 받은 팀은 시나리오 상황에 온정적인 반응을 생각한다. 그 후, 각 팀이 순서대로 돌아가며 시나리오에 대한 반응을 행동하거나 묘사한다. 그 후, 다른 팀이 자신의 팀이 묘사한 접근 방식이 어떤 것인지 알아 맞춘다. 발표가 끝나면 팀의 대표 한 사람이 사회적 훈육 창의 해당 부분에 서서 모든 팀이 발표할 때까지 기다린다. 모든 팀이 다 발표하면 사회적 훈육 창에 선 대표들이 토론을 시작한다. 토론할 내용은 다음과 같다.

각각의 반응에 대한 결과는 무엇인가? '독재적인' 방식의 문제점은 무엇인가? '온정적인' 방식의 문제점은 무엇인가? '방임적인' 방식의 문제점은 무엇인가? '회복적인' 방식의 효과는 무엇인가? 어떻게 '회복적' 방식을 더 회복적으로 만들 수 있는가?

한두 개의 시나리오를 더해 같은 작업을 반복한다. 각 팀이 새로운 시나리오를 다룰 때 이전에 했던 방식과 다른 방식을 선택하게 한다. 학습자는 할 때마다 다른 접근 방식을 경험하며 접근 방식에 따른 차이점을 느낄 수 있다.

• 돌아보기: '회복적' 방식의 유익은 무엇인가? 바쁘게 살아

가는 일상에서 문제를 만났을 때, 어떻게 회복적으로 접근할 수 있을까? 삶의 다양한 영역가정, 일, 친구 등에서 피해나 갈등이 발생할 때 나의 본능적인default 반응은 무엇인가? 사회적 훈육 창을 어떻게 사용하면 삶의 영역마다 보다 회복적으로 반응할 수 있는 정신적 지도mental map를 가질 수 있을까? 각각의 접근방식을 삶에서 경험한 적은 언제이고 그때 무엇을 경험했는가?

• **수확하기**: 우리는 삶의 전 영역에서 회복적 방식을 선택할 수 있다. 회복적 방식의 독특성은 상대방의 행동 수준에 대해 높은 기대를 하며 상대를 지원하기 위해 시간을 내는 것이다. 책임지기와 이해하기는 모두 중요하다. 책임과 이해의 균형을 유지하기 위해 부단한 연습과 지속적인 훈련이 필요하다.

8.3 기술을 익히는 놀이와 활동

회복적 과정에 참여하거나 회복적 과정을 진행할 때 필요한 기술을 익히고 강화하는 놀이를 소개한다. 열린 질문, 정서적 질문하기, 피해를 바로잡기 위한 창의적 방법 브레인스토밍 하기, 반영하는 말reflective statement 하기, 바꿔 말하기reframing, 욕구needs 이해하기, 구조적 불의함structural injustices 이해하고 드러내기가 있다.

8.3.1 좋은열린, 정서적 질문 하기

이 놀이를 통해 학습자는 열린 질문단순히 예, 아니오로 대답할 수 없는 질문으로, 경험에 대해 더 깊이 물을 수 있음과 감정, 태도, 분위기와 연관된 정서적 질문을 연습한다. 이 두 가지는 회복적 과정 중 꼭 필요한 기술이다.

고양이는 호기심을 좋아해

- **목표**: 학습자는 열린 질문, 정서적 질문과 같은 좋은 질문 하기와 경청, 말하기, 관련 질문 만들기를 연속적으로 할 수 있는 기술을 연습한다. 학습자의 수준에 따라 놀이의 난이도를 조절할 수 있다.

- **자료**: 없음

- **활동**: 학습자 모두 한 서클에 앉는다. 학습자 A는 진행자가 미리 준비한 질문 중 하나를 선택해 옆자리에 앉은 B에게 묻는다. B는 답을 한 후, 옆 자리에 앉은 사람에게 질문을 한다. 질문은 앞에 나온 질문과 어떤 방식으로든 연결돼야 한다.

예:

학습자 A: "어떤 음악 좋아하세요?"

학습자 B: "재즈 좋아해요." 옆 사람에게 "가장 마지막으로 간 콘서트가 무슨 콘서트에요?"

학습자 C: " 라이징 애플라치아요." 옆 사람에게 "다른 사람처럼 노래를 부를 수 있다면, 누구처럼 노래를 부르고 싶어요?"

경쟁적인 요소를 더하고 싶으면, 같은 질문을 한 학습자는 놀이에서 **빠지게** 하거나 상대가 같은 질문을 물으면 대답하지 않게 한다.

놀이가 무르익으면, 진행자는 다른 규칙을 더할 수 있다.

추가 규칙:

1. 질문할 때 호기심 어린 어조로 물어보기

2. 열린 질문으로만 묻기

3. 정서적인 질문으로만 묻기

4. A는 B가 질문에 답을 하면 반영하는 말로 반응하기

참고: 진행자는 역할에 집중하기 위해 놀이에 참여하기보다 진행만 하는 것이 좋다. 공동 진행을 할 경우, 한 명만 진행하고 나머지 진행자는 활동에 참여한다.

- **돌아보기**: 이 놀이를 하며 어떤 경험을 했는가? 어려웠던 점은 무엇인가? 다양한 종류의 질문을 하며 무엇을 알게 되었는가? 질문에 답하는 사람에서 질문을 하는 사람으로 역할이 바뀌었을 때 알아차린 것이 있다면 무엇인가? 이 활동은 회복 실천가나 진행자에게 어떤 의미를 주는가?

- **수확하기**: 이 놀이를 통해 회복적 진행자의 역할을 알 수 있다. 경청과 들은 내용을 바탕으로 질문 만들기 성찰질문 만들기에 초점을 맞춰 연습한다. 진행자는 전형적인 회복적 과정의 질문무슨 일이 있었나요? 누가 영향을 받았나요? 피해를 회복하고 일을 바로잡기 위해 무엇이 필요한가요?을 묻는 역할을 넘어 듣는 자, 질문을 통해 깊은 성찰을 이끄는 자, 반영하는 말을 하며 반응하는 자로서의 역할도 해야 한다. 이 놀이는 재미있고 부담스럽지 않게 핵심 기술을 연습하는 방법이다.

얼굴이 달라져요 2

- **목표**: 학습자는 누군가와 내면의 깊은 이야기를 나누며 경청과 열린 질문으로 연이어 질문하기와 반영하는 말하기를 연습한다.

- **자료**: 없음

- **설명**: 학습자 모두 한 서클에 앉는다. 학습자 A가 오른쪽

에 앉은 B에게 생각을 깊게 해야하는 핵심 질문을 묻는다. B는 A의 질문에 한 문장에서 세 문장으로 답한다. B가 대답할 때 A가 추후 질문이 가능할 만큼 정보를 주어야 한다고 안내한다. B가 대답하면, A는 B에게 들은 내용과 관련해 열린 질문을 한다. B가 대답한다. A는 듣고, 추가로 열린 질문을 해 B의 경험을 더 깊이 이끌어낸다. B가 두번째 질문에 답하면, 두 사람은 짝활동을 마친다. A가 B에게 "고맙습니다."라고 말하면 B는 옆에 앉은 C에게 A가 처음에 물었던 핵심질문을 묻는다. B와 C는 A와 B가 한 짝활동을 이어 한다. B가 C에게 감사의 표현을 하면, C와 D의 짝활동으로 넘어간다. 서클로 짝활동을 하면서 모든 사람이 핵심질문과 두 가지 추가질문에 대한 모두의 답을 듣는다.

놀이를 진행하면서 다음 규칙을 더해 놀이의 난이도를 높일 수 있다.

- 열린 질문과 정서적 질문정서, 태도, 분위기와 관련으로만 묻기
- 추가 질문을 하기 전에 상대방이 한 말, 표현한 정서, 의미를 포착해 반영하는 말하기

학습자들에게 질문을 하기 전에 잠시 멈추고 침묵이 가능하다고 알린다. 멈추고 침묵하는 것이 불편할 수 있다. 그러나 이는 굉장한 힘이 있다. 진행자는 학습자에게, 닫힌 질문을 할 경우 진행자가 그

들을 지원하기 위해 끼어들 수 있다는 것을 미리 알린다.

예:

학습자 A핵심질문: "인생에서 가장 중요했던 배움의 경험은 무
　　　엇이었고, 그것을 통해 무엇을 배웠나요?"

학습자 B: "내 인생에서 가장 중요했던 배움의 순간은 내 딸
　　　이 태어났을 때였어요. 내가 얼마나 상대를 깊이 사랑
　　　할 수 있는 존재인지, 생각했던 것보다 더 강한 존재라
　　　는 걸 깨달았어요."

학습자 A: "본인이 생각보다 강한 존재라는 것을 알았다는
　　　부분에 대해 더 이야기 해 주시겠어요?"

학습자 B: "딸 아이를 집에서 낳았어요. 의학적인 도움 없이
　　　출산했는데도 별로 두려워하지 않고 오히려 평화로웠
　　　어요. 자랑스러웠어요. 출산을 통해 그때까지는 몰랐
　　　던 나 자신을 만난 거죠."

학습자 A: "새로운 부분과 만났던 이 경험이 당신의 인생에
　　　어떤 영향을 주고 있나요?"

학습자 B: "내가 가진 힘을 알면서 엄마가 되는 준비를 더 잘
　　　하게 됐어요. 내가 강하다는 것을 느껴야 하는 순간 내
　　　안의 이 경험과 연결돼요."

학습자 A: "이야기 해 주셔서 감사합니다."

학습자 C: "내 인생에서 가장 중요했던 배움의 순간은 제 여동생이 아팠을 때에요. 전 하루 아침에 어른이 되어야 했죠. 이 경험이 가족의 소중함을 가르쳐줬어요."

학습자 B: 열린 질문으로 추가 질문을 한다.

- **돌아보기**: 활동이 끝나면 학습자 모두를 자리에서 일어나게 한다. 숨을 깊게 쉬며 몸을 체크하도록 한다. 몸을 부드럽게 흔드는 것은 무겁고 스트레스를 주는 경험에서 벗어나게 하는 효과적인 방법이다. 자기돌봄을 할 수 있게 한 후 다음과 같이 묻는다.

"이 시간은 어땠는가? 짝이 말한 내용을 바탕으로 추가 질문을 하기 위해 나는 무엇을 했는가? 긴장되는 상황에서 진행을 할 때 현존하는 데 도움이 되는 것은 무엇인가?"

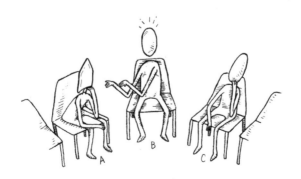

- **수확하기**: 회복적 진행자는 학습자의 매우 개인적인 이야기와 정보를 자주 듣게 된다. 이 과정에서 진행자는 자신 안에서 일어나는 강한 감정의 소용돌이를 만날 수 있다. 언제 이런 일이 일어날지, 일어났을 때 무엇을 개방할지, 그리고 개방했을 때 진행자 자신과 학습자들에게 어떤 영향을 줄지 예상하는 일은 어렵다. 늘 현존하는 것을 수련하고, 놀이에서 용감하게 말하는 공간이 펼쳐질 때 이에 반응하다 보면 자신의 반응양식을 알아갈 수 있다. 자기조절하는 것을 수련하면 공정한 진행에 도움을 준다.

8.3.2 피해를 회복하기 위한 창의적 아이디어 고안하기

평범한 물건 Common Everyday Objects

- **목표**: 약속을 만들 때 창의적으로 브레인스토밍 하는 방법을 배우는 유용한 놀이다. 이 활동은 팀으로 함께 상상하는 힘을 기르며 고정된 생각에서 벗어나 생각할 수 있도록 도와준다. 최종 결과에 연연하지 않고, 어떤 사람의 의견도 거절하지 않는 환경을 창조한다.

- **자료**: 팀의 수대로 일상에서 볼 수 있는 평범한 물건을 준비한다. 물건은 팀의 수만큼 다르게 준비한다. 어떤 것이든 가능하다. 커피컵이나 빨대, 연필, 종이 클립, 포크도 좋다.

- **활동**: 학습자를 한 팀에 네 명에서 여덟 명까지 나눈다. 적어도 두 팀 이상이 필요하다. 팀이 많을수록 더 많은 시간이 필요하다. 각 팀에게 준비한 물건을 준다. 팀의 한 사람을 기록이로 세운다. 팀은 2분 동안 물건이 원래의 용도와 어떻게 다르게 사용될 수 있는 지 브레인스토밍을 한다. 예를 들어, 펜은 쓰는 것 외에 다른 용도로 사용할 수 있는 경우를 생각한다. 모든 팀 구성원이 가능한 많이 브레인스토밍에 기여할 수 있도록 하고, 기록이는 나온 아이디어를 모두 적는다. 같은 생각의 다른 버전을 반복해서 쓸 필요는 없다. 예를 들어 펜으로 할 수 없는 것을 빨대와 음료를 마시는 데 쓰는 도구로 말했다면 하나만 적는다 진행자는 시간을 재고, 시간이 다 돼 갈 때 카운트 다운을 외쳐 활동의 흥을 돋운다. 발표 시간에 팀별로 돌아가며 기록이가 물건을 소개하고, 적은 내용을 다 읽는다. 진행자는 심판이다. 물건의 원래 용도와 비슷하거나 반복되는 항목이 있으면 항목을 제한다. 가장 많은 아이디어를 적은 팀이 이긴다.

- **돌아보기**: 팀에서 브레인스토밍을 하며 알게 된 것은 무엇인가? 아이디어는 어떻게 발전했는가? 생각하는 것을 말하기 꺼리는 사람이 있었는가? 이 활동을 회복적 과정과 어떻게 연결할 수 있는가? 그 이유는 무엇인가?

- **수확하기**: 건강하게 경쟁하고 놀이에 활기차게 참여하며

학습자는 회복적 과정에서 동의된 약속을 만드는 브레인스토밍에 누구나 기여할 수 있음을 알게 된다. 이 활동은 '네! 그리고요?'의 정신을 기른다. 제약을 두지 않는 팀 내 브레인스토밍이 좀 더 창의적이고 독특한 아이디어를 내는 데 기여할 수 있다는 점을 일깨워 준다. 학습자는 자신의 생각을 말하는 것이 수줍고 확신이 없을 때에도 말을 하며 기여할 수 있다는 소중한 경험을 할 수 있다.

상자 탈출 Out of the Box

- **목표**: 학습자는 브레인스토밍을 통해 회복적 과정에서 강점 중심과 창의성, 스마트 SMART구체적 Specific, 측정가능한 Measurable, 성취가능한 Achievable, 연관된 Related , 때에 맞는 Timely의 앞자를 따서 만든 합성어에 기반한 합의를 할 수 있다.

- **자료**: 4~7명 사이로 팀을 만든다. 바닥에 팀 수대로 테이프를 붙여 네모 칸을 만든다.팀원들이 서로 익숙해 밀폐된 공간에서 신체적으로 밀착해도 편안하게 느낄 경우, 팀이 서 있을 수 있는 큰 상자나 통을 준비한다. 테이프로 붙인 공간과 달리 상자와 통을 이용하면 즐겁게 놀이를 하고, 신체 경험을 통해 배움을 강화할 수 있다. 각 팀 당 메모지와 펜, 회복적 접근으로 다룰 가상 사건 시나리오, 사전에 책임이 있는 사람의 강점과 흥미를 적은 종이를 준다.

- **선택사항**: 모든 학습자가 볼 수 있도록 사건에 관련 있는 사

람의 강점과 흥미를 포스터에 적어 게시한다.

참고: 이 놀이는 공동 진행을 할 때 쉽게 진행할 수 있다. 한 사
람은 놀이를 진행하고, 다른 진행자는 심판을 맡는다.

- **활동**: 각 팀의 모든 사람이 네모 칸에 서거나 상자 안에 들
어 간다. 바닥에 테이프를 붙여 공간을 만들거나 실제 상자를 이용한다. 상
자의 크기는 팀원이 가깝게 설 수 밖에 없어 얼른 **빠져나가**
고 싶을 정도로 작게 만든다. 진행자는 약속의 기준인 스마
트를 언급하며 놀이를 시작할 수 있다.

진행자는 다음과 같이 설명한다.

"제가 사건 시나리오와 이 사건에 책임이 있는 사람의 강점
을 말할 거예요. 각 팀은 협력해 약속을 만들어 주세요. 약속
은 창의적이고, 강점 중심으로, 스마트의 기준에 따라 피해
를 바로잡을 수 있는 방향으로 만들어주세요. 약속은 '상자
밖' 생각이어야 합니다. '상자 밖' 생각은 일반적인 것 예를
들어, 사과편지 쓰기, 포스터나 파워포인트 만들어 게시하기, 지역사회 봉사하기
이 아니어야 합니다. 팀은 아이디어를 제시한 기준에 맞춰 한
문장으로 적습니다. 아이디어를 나눌 준비가 되면, 손을 들고
'회복' 혹은 팀에게 의미있는 단어를 외칠 수도 있다 하고 외칩니다. 제
가 신호를 보내면, 종이에 쓴 아이디어를 한 사람이 읽어주세
요. 그 때 다른 팀은 활동을 멈추고 듣습니다.[3] 진행자가 제안

한 약속이 기준에 맞다고 말하면, 발표한 사람은 상자에서 나옵니다. 상자에서 나온 사람은 팀 활동을 하지 않습니다. 진행자가 약속을 승인하지 않으면, 발표자는 상자에 남아서 계속 작업을 합니다. 다른 팀이 발표한 아이디어를 '훔쳐' 기준에 맞는 아이디어로 만들 수 있습니다. 이 활동의 목적은 상자에서 모든 사람이 탈출하는 것입니다."

상황에 따라 가장 흔한 약속의 예사과편지 쓰기, 포스터나 파워포인트 만들어 게시하기, 지역사회 봉사하기를 수정한다. 공동체가 특정 아이디어만 고수해 왔다면, 이 아이디어를 상자로 비유하고 학습자들이 상자 밖에 나올 수 있는, 다른 창의적인 방안을 생각해 낼 수 있도록 이끈다.

진행자는 진행 순간마다 팀이 제안하는 약속을 들으며 기준에 부합하는지 가린다. 공동 진행자가 있으면 진행자 한 사람이 심판을 맡는다. 팀원이 상자에서 탈출하면 그 팀원은 더 이상 어떤 제안도 할 수 없다. 모든 사람이 상자에서 탈출한 첫 번째 팀이 놀이에서 이긴다. 팀 크기에 따라 다르나 이 놀이를 하려면 많은 시간이 필요하다. 적어도 30분을 계획한다. 정해진 시간 안에 놀이를 마칠 수 없는 경우 도중에 놀이를 중단하고 돌아보기와 수확하기 활동을 동시에 한다.

- **참고사항**: 놀이 초반에는 조금 산만하고 혼란스러울 수 있지만, 이것도 재미의 일부분이다. 진행자는 아이디어가 준비된 팀을 파악해 발표하게 하고, 팀이 순서대로 발표할 수 있도록 안내한다. 많은 활동이 동시에 일어나는 놀이이다. 진행자는 준비된 팀을 알아차리고, 이를 순조롭게 다룰 수 있도록 준비한다. 처음 진행할 때 진행자는 잘 맞는 공동 진행자를 찾아 지원을 받을 수 있다. 진행자는 이 놀이 진행을 너무 부담스럽게 여기지 말고, 포기하지 않아야 한다.

- **돌아보기**: 상자에 마지막으로 남은 사람에게 묻는다. "팀원이 많았을 때 브레인스토밍한 것과 혼자 하는 것과의 차이점은 무엇인가요?" 모든 사람에게 묻는다. "약속을 만들기 위해 브레인스토밍할 때 팀이 어떻게 같이 작업했나요?", "무엇이 당신을 창의적으로 만들었나요?", "일상에서 흔히 쓰는 약속을 쓸 수 없다는 안내를 받았을 때 어땠나요?"

- **수확하기**: '상자탈출' 활동에서 브레인스토밍을 함께 할 때, 피해를 보상할 때 보다 창의적인 아이디어를 생각할 수 있으며 약속을 만들 때의 기준을 배울 수 있다.

8.3.3 반영하는 말 하기

거울아~ 거울아~

- **목표**: 스트레스가 적고 재미있는 환경에서 말로 반영해 주는 연습을 하며 반영하는 말의 중요성을 배운다.

- **자료**: 서클에서 안전하고 쉽게 던지며 주고 받을 수 있는 공이나 물건

- **활동**: 시작할 때 반영하는 말을 확인한다. 학습자에게 "반영하는 말이 뭔가요?"라고 묻는다.반영하는 말은 화자가 말한 내용, 화자의 감정, 말의 의미를 반영해 주는 말이다. 상대에게 열린 질문을 한 뒤 그 사람의 반응을 반영하는 말로 돌려주는 것은 잘 듣고 있다는 표현이다. 만약 잘못 이해하고 있다면 정정해 줄 기회를 화자에게 주는 것이다. 진행자는 학습자에게 반영하는 말의 예를 들어 달라고 요청하거나 반영하는 말의 예를 학습자에게 알려 줄 수 있다.

- **화자가 하는 말**: 그 후로 엄마와 관계가 별로 좋지 않아요. 엄마는 제가 친구와 놀 때나 다른 일을 할 때나 저를 믿지 않아요. 그래서 엄마와 자주 싸우죠.

- **반영하는 말**: 엄마와의 신뢰가 깨진 게 엄마와 당신의 관계에 깊은 영향을 미치고 있는 것처럼 들려요.

반영하는 말을 사용하는 게 도움이 된다고 생각하면 왜 그렇게 생각하는지 학습자에게 묻는다. 학습자는 보통 반영하는 말이 경청하고 있다는 것을 알려주고 상대의 감정과 경험을 판단하지 않고 존중하며 신뢰와 관계를 쌓고 바르게 이해했는지 확인할 수 있는 기회를 준다고 답한다.

이 후 학습자와 함께 큰 원을 만들어 선다. 진행자는 공을 잡고 열린 질문을 한다. 예를 들어, "당신이 마지막으로 본 영화는 무엇이고 영화를 본 뒤 당신의 느낌은 어땠나요?" 공을 아무나에게^{학습자 A} 던진다. A는 질문에 답하고 아무나^{학습자 B}에게 던진다. 공을 받은 B는 A에게 반영하는 말을 한다. B도 같은 질문에 답하고 아무나^{학습자 C}에게 공을 던진다. C는 B의 나눔을 반영해 주고 자신의 답변을 한다. 놀이는 서클의 모든 사람이 반영해 주는 말을 하고 서클 질문에 답할 때까지 계속된다.

참고: 때로는 반영하는 말이 상대 말의 본래 의도를 정확하게 포착하지 못하는 경우가 있다. 진행자는 학습자에게 이런 상황은 보다 명확한 이해를 위한 기회가 될 수 있다고 설명한다. 놀이를 하는 동안 반영하는 말이 원래 의도를 포착하지 못한 경우, 의사를 표현해 달라고 요청한다. 예를 들어 B의 반영하는 말이 A에게 와 닿지 않을 경우, A는 공을 던지며 다시 명료하게 말해달라고 B에게 부탁한다. B는 반영하는 말을 다시 A에게 돌려준다.

예:

진행자: "당신이 마지막으로 본 영화는 무엇이고 영화를 본 뒤 당신의 느낌은 어땠나요?"

학습자 A: '리멤버 더 타이탄'을 봤어요. 제가 어렸을 적 저에게 영향을 줬던 어른들이 생각나 힘이 났어요.

학습자 B: 그 영화가 당신에게 중요했던 사람들을 생각나게 해 줄 정도로 감동적이었던 것 같아요. 전 '타이타닉'을 봤어요. 영화를 보고 실망했어요. 왜 로즈는 구명보트를 잭과 나눠타지 않았을까요?공을 C에게 던진다

학습자 C: 잭이 살 수 있었는데 비극을 맞이해서 짜증이 난 것 같아요. 전 '식스 센스'를 보는 중에 누군가가 결말을 말해서 실망했어요.D에게 공을 던진다. 놀이는 계속 진행된다.

- **돌아보기**: 반영하는 말을 할 때 기분이 어땠나요? 나의 말을 누군가가 반영해줄 때 기분이 어땠나요? 회복적 과정에서 반영하는 말하기는 왜 중요할까요?

- **수확하기**: 반영하는 말은 상대와 연결되고 상대가 내 말을 들어준다고 느끼는 데 도움이 된다. 반영하기를 통해 상대의 말을 잘 이해했는지 확인할 수 있다. 때로는 다른 질문을 추가하는 것보다 반영해주는 말이 더 효과적이기도 하다.

8.3.4. 바꿔 말하기|Reframing

바꿔 말하러 달리기|Race to Reframe

- **목표**: 바꿔 말하는 중요한 진행 기술을 배우고 연습한다.

- **자료**: 한 사람의 머리가 다 들어갈 수 있을 정도로 큰 액자. 실제 액자가 가장 좋으나, 종이를 잘라 만든 액자도 괜찮다 **바꿔 말하기를** 할 문장 목록. 선택사항: 노트와 펜

  참고: 이 놀이는 공동 진행을 추천한다. 진행자 한 명은 진행하고, 나머지 한 명은 심판 역할을 맡는다.

- **활동**: 진행자는 바꿔 말하기 기술이 무엇인지 설명한다. 바꿔 말하기란 이야기가 방어태세를 갖추거나 공격할 수 있

는 방향으로 흐를 때 진행자가 진술을 바꾸는 기술이다. 학습자의 공격적인 언어를 건설적인 언어로 바꾸고, 그 이면에 있는 욕구를 확인한다. 일반적으로 이면에 있는 욕구는 생존음식, 물, 숙소, 옷 등, 정서적 욕구안전, 사랑, 소속감, 우정, 가정, 존중, 자기존중 등와 관련된 경우가 많다.

바꿔 말하기는 호기심과 존중하는 마음으로 행하며 화자가 이를 명료화하거나 긍정하는 시간을 준다.

예:

화자: 저는 우리 선생님이 싫어요. 선생님은 다른 사람 생각
      에 관심이 없어요.
진행자: 당신은 선생님이 자신의 이야기를 듣고 있다는 느낌
      이 들지 않는군요.

학습자 수에 따라 둘에서 네 팀으로 나눈다. 벽 근처에 팀별로 줄을 세운다. 팀에게 재미를 위해 몇 분간 팀 이름을 정할 시간을 준다. 팀 이름을 칠판이나 큰 종이에 적어 점수를 기록한다. 액자는 팀이 서 있는 위치와 6미터 떨어진 곳에 놓는다. 진행자는 액자 옆에 선다. 공동 진행자가 있다면 다른 진행자는 심판을 하고, 칠판 옆에 선다. 진행자는 바꿔 말하기의 필요성이 있는 문장을 크게 읽는다. 진행자는

팀마다 기록이를 정하도록 해 들은 문장을 적게 하거나 포스터나 스크린같은 시각 자료를 활용해 문장을 보여준다. 팀은 합의하여 문장을 바꾼다. 모든 팀원이 동의하면 팀의 대표가 액자 있는 곳으로 가 머리를 틀에 넣고, 바꾼 문장을 소리내어 말한다. 액자에 빨리 도착한 대표가 발언권을 가지며 도착한 순서대로 발언한다.

심판은 바꾼 문장을 통과시킬지 말지 판단한다. 문장이 통과되면 점수를 얻는다. 통과되지 않으면 팀으로 돌아가 작업을 다시 한다.

- 첫 번째로 문장이 통과한 팀은 4점을 얻는다.
- 두 번째로 문장이 통과한 팀은 3점을 얻는다.
- 세 번째로 문장이 통과한 팀은 2점을 얻는다.
- 네 번째로 문장이 통과한 팀은 1점을 얻는다.

놀이는 네 문제로 구성한다. 팀은 네 문장을 바꿔야 한다.

다음은 제시할 수 있는 문장의 예이다.

첫 번째 문장: 나는 문제가 생기는 게 지긋지긋해요. 문제가
　　　　　　　생길 때마다 비난 받는 건 나에요.

두 번째 문장: 이제 그녀는 도둑이에요. 집에서 함께 살 수 없
　　　　　　　어요.

세 번째 문장: 밤마다 거리에서 불량청소년을 봐요. 집 밖으
　　　　　　　로 나갈 수가 없어요.

네 번째 문장: 그녀는 나를 1년 내내 쓰레기 취급했어요. 그
　　　　　　　렇게 된 건 자업자득이에요.

놀이가 끝나면 점수를 집계해 우승팀을 발표한다. 이 놀이는 그룹의 바꿔 말하기 능력이나 협력 수준에 따라 조정 가능하다. 그룹이 준비가 됐을 경우, 공격적으로 느껴지는 말의 목록으로 놀이를 준비한다. 첫 번째 문제는 강도가 낮은 걸로 준비하고 강도를 점점 높여간다. 놀이를 시작하기에 앞서 진행자는 일부러 공격적으로 느껴지는 말의 목록을 준비했다고 알린다. 학습자에게 회복적 과정에서 말을 바꿔줘야 하는 순간과 안전하고 존중하는 공간을 위한 만든 약속 ground rules을 되짚어야 하는 시간이 필요할 때가 있음을 알린다. 공격

적인 말이 오갈 때 참여자 스스로 감정이 동요된 것을 알아차리고 스스로 자기돌봄을 할 수 있도록 요청한다. 또 다른 방법으로, 바꿔 말하기 판단의 기준으로 뉘앙스를 추가할 수 있다. 바꿔 말하기가 판단하지 않는 어조로 분명하게 전달되었는가? 공격적이거나 감정적인 말을를 바꾸고, 숨겨진 욕구를 다뤄주었는가?

- **돌아보기**: 바꿔 말하기를 할 때 어려웠던 점은 무엇인가요? 어떤 요소가 더 쉽게 바꿔 말할 수 있게 해 주었나요? 평가하거나 너무 감정적으로 되지 않으면서 객관적으로 생각할 수 있도록 도와준 전략은 무엇인가요? 시간 압박을 받으며 말을 바꿔 돌려줬을 때 어떤 영향을 받았나요? 이 활동이 회복 실천가인 당신의 역할과 어떻게 관련되었나요? 전체가 함께 토의하는 시간을 갖는다.

- **수확하기**: 바꿔 말하기는 진행자가 반드시 익혀야 하지만 어려운 기술이다. 존중어린 태도를 유지하며 바꿔 말하는 기술은 회복적 과정 중 사전 모임이나 본 모임 때 입장이 다른 학습자들의 긴장을 이완시키고 상호이해와 상호존중의 방향으로 나아가는 것을 돕는다. 이 기술은 일상에서 기분 나쁜 말을 들었을 때 머리 속으로 충족되지 못한 욕구를 찾아 보는 것으로 연습할 수 있다.

8.3.5 욕구 이해하기

집 짓기

- **목표**: 충족되지 않은 욕구 때문에 피해 행동이 발생한다는 것과 피해 행동이 어떤 욕구를 발생시키는지를 이해한다. 떼 파라이 타파 파Te Whare Tapa Whā라는 틀을 통해 사람의 욕구를 이해한다.

- **자료**: 사건에 책임이 있는 사람의 말을 적은 복사본 네 개를 준비한다. 떼 파라이 타파 파 모델로 집을 완성하려면 벽 네 개가 필요하다. 벽 네 개를 딱딱한 종이로 준비한다. 떼 파라이 타파 파 집을 만들 수 있는 활동지 PDF 파일은 www.restorativeteachingtools.com에서 다운로드 받을 수 있다.

- **활동**: 활동을 본격적으로 소개하기에 앞서, 학습자들에게 회복적 정의는 일반적인 사법 시스템과는 다른 관점으로 피해 사건을 다루는 접근법임을 상기시킨다. 회복적 과정의 중요한 요소 중 하나는 관련 있는 사람들의 욕구는 무엇인지 아는 것이다. 충족되지 못한 욕구는 부정적인 행동을 낳을 수 있으며 피해가 발생하면 채워져야 할 욕구가 생긴다.

마슬로우의 위계 욕구를 사람의 기본 욕구를 이해하는 틀로 자주 사용하지만 '떼 파라이 타파 파' 틀이 회복적 과정과 부합하는 면이 더 많다.

마오리족은 '떼 파라이 타파 파' 라는 틀로 건강과 안녕감well-being을 이해한다. 떼 파라이 타파 파는 안녕감의 네 가지 측면을 나타내고, 네 가지 측면은 집을 완성하는 데 필요한 네 개의 벽이 된다. 한 측면이라도 손상되거나 잃어버리면 전체 집의 구조사람으로 간주할 수 있음는 균형을 잃어 튼튼하거나 안전하지 않다.

네 개의 측면은

타하 와이루아*Taha wairua* : 영적 안녕감

타하 티나나*Taha tinana*: 신체적 안녕감

타하 파노*Taha whanau*: 사회적 안녕감

타하 헤넹아로*Taha hinengaro*: 정신적 정서적 안녕감

네 가지 측면은 개인의 건강과 밀접하게 연관되어 있다. 예를 들어, 어떤 사람이 정신적으로 고통받을 때 신체적, 영적, 사회적으로도 고통을 느낀다. 회복적 과정은 궁극적으로 통합적 안녕감을 추구하기에 이를 이해하는 것은 중요하다.

학습자에게 떼 파라이 타파 파를 설명하고, 네 팀으로 나눈다. 각

팀에게 떼 파라이 타파 파의 벽 한 개씩을 준다. 벽 인쇄물을 나눠줘도 되지만 떼 파라이 타파 파의 내용이 적힌 두꺼운 종이를 나눠주면 더 좋다. 다음으로 사전 모임에서 피해에 책임이 있는 사람이 적은 것을 전체가 듣도록 읽는다.

예:

불공평한 일이에요. 전 옷만 훔쳤어요. 면접에 가야 하는데 입을 옷이 하나도 없는 거예요. 페스트푸드점에서 일하는 건 지쳤고, 그 돈으로 가족을 부양하기에는 턱없이 모자랐어요. 그 상황에서 더 이상 버틸 수가 없었어요. 하루하루가 똑같았어요. 어느 날 마케팅 일을 할 수 있는 기회가 왔어요. 난 늘 내가 마케팅 일을 잘 할거라 믿었죠. 정말 내가 무언가를 할 수 있을 거라 생각했어요. 이제 법원에 가야 해요. 이 일에 저와 제 가족 인생이 달려 있어요. 이제 새로운 직장은 없던 일이 돼 버렸어요. 누가 도둑을 고용하겠어요.

책임이 있는 사람의 글 복사본을 각 팀에게 나눠 줘 활동할 때 참고하게 한다. 팀에게 십 분 동안 시간을 준다. 팀원은 시나리오를 보며 이 사람의 네 가지 측면에 어떤 욕구가 필요한지 이야기를 나누며 찾는다. 이 사람이 어떤 욕구 때문에 옷을 훔쳤는지, 옷을 훔친 결과 어떤 욕구가 필요하게 됐는지 찾는다. 찾은 욕구를 집의 벽에 적는다.

10분 후, 전체 서클로 모여 각 팀에서 찾은 욕구를 발표한다. 모든 팀이 발표를 마친 후 각 팀에서 한 사람이 작업한 벽을 갖고 서클의 중앙으로 나온다. 서클의 중앙으로 나온 네 사람이 팀에서 작업한 벽을 붙여 큰 집을 한 개 만든다. 이 활동은 함께 네 벽을 갖춘 집을 만들면 완성된다. 네 벽에는 사건의 시나리오에서 다방면에서 살펴본 학습자의 욕구가 쓰여져 있다.

- **돌아보기**: 욕구 중에 나를 놀라게 한 것은 무엇인가요? 다양한 측면에서 욕구를 살펴봤을 때 더 이해하게 된 것이 있다면 무엇인가요? 떼 파라이 타파 파 틀은 회복적 과정과 어떤 연관이 있나요? 모든 욕구를 살펴본 후에, 이 다음에는 어떤 과정이 있어야 한다고 생각하나요?

- **수확하기**: 진행자는 행동 이면에 숨겨진 욕구와 피해로 인해 생긴 욕구를 이해해야 피해를 온전히 회복하고 행동이 재발되는 것을 예방할 수 있다. 떼 파라이 타파 파 모델은 사람의 욕구에는 다양한 측면이 있다는 것과 다양한 측면의 욕구를 학습자와 함께 탐구하는 데 도움이 된다.

8.3.6 구조적 불의함 이해하고 밝히기

둥지짓기

- **목표**: 구조적 불의가 어떻게 범죄를 낳는지 이해하고, 회복적으로 문제를 밝히는 방법을 생각한다.

- **자료**: 학습자는 끈과 테이프를 이용해 마리 두건의 '갈등 둥지 모델'을 바닥에 크게 만든다. 둥지마다 '구체적인 갈등, 관계적, 하위구조적시스템을 떠받치고 있는 하위구조, 구조적 시스템'이라고 적는다.막대기 모양 종이, 활동 자료는 www.restorativeteachingtools.com 에서 다운로드 받을 수 있다.

- **활동:** 마리 두건의 갈등 둥지 모델을 다음 이야기를 들려주며 설명한다. 이야기는 마리 두건이 그녀의 논문에서 사용한 것을 요약했다.[4]

이야기 요약

고등학교에서 싸움이 일어났다. 두 패가 싸웠는데 한 패는 십 대 흑인 남학생, 다른 한 패는 십 대 백인 남학생이었다. 백인 학생들이 과거 남북전쟁 당시의 남부연방정부 국기가

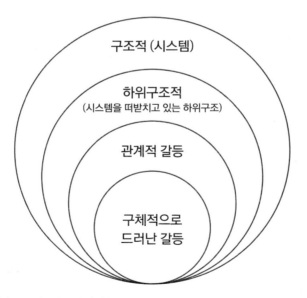

마리 A. 두건, "갈등 둥지 이론", A Leadership Journal: Women in Leadership - Sharing the Vision, Volume 1, 1996

그려진 겉옷을 입고 온 것이 싸움의 발단이 되었다. 싸움에서 아무도 신체적으로 크게 다치지는 않았지만 이 싸움으로 학교를 넘어 더 큰 공동체까지 정서적 피해를 경험했다.

일반적인 회복적 과정에서 싸움에 연루됐던 학생들의 관계 회복은 분명히 다뤄질 것이다. 하지만, 이 사건이 관련 있는 학생의 관계 회복만으로 충분이 해결될지 의문이다. 분명, 애초에 싸움의 발단이 된 더 큰 문제가 공동체 안에 있던 것이 분명하다. 이 사건은 개인간의 갈등인 동시에 사회적 갈등, 구조적 폭력, 역사적 피해를 드러낸다.

마리 두건의 '갈등 둥지 이론'은 공동체 갈등을 상호연결적 측면에서 이해하는 틀을 제공해 준다. 갈등 둥지의 각 단계를 앞의 예를 토대로, 학습자들과 '갈등 둥지 이론'의 각 단계를 어떻게 이해하고 적용할 수 있는지 살피고자 한다. 각 단계를 살필 때마다 바닥에 표시해 놓은 갈등 둥지 시각자료를 활용한다.

- **구체적으로 드러난 갈등**이란 개인이나 그룹이 자원을 두고 한 가지 이상의 사건이 발생한 것이다. 예로 든 이야기에서 특정 갈등 사건이 무엇인지 묻는다. 이 예에서는 남부 연방 국기 그려진 옷을 입은 일이 싸움의 발단이 되었다.
- **관계적 갈등**은 일어난 문제로 붉어진 당사자들간의 상호 작용 패턴과 서로를 향한 감정문제를 다루는 것을 의미한

다. 관계적 갈등은 단순히 특정한 상황만을 의미하지 않는다. 이 이야기에서 관계적 갈등은 무엇인지 묻는다. 이 예에서, 관계적 갈등은 두 학생 그룹 간의 연결과 우정, 존중 어린 상호작용의 부재로 인해 발생한 것으로 보인다.

• 하위 구조적 갈등을 설명하기 전에 구조적 갈등을 먼저 설명하는 게 이해하기 쉽다. **구조적 갈등 중 시스템 갈등**은 사회적 시스템 속 불공평함을 의미한다. 인종차별, 성차별, 계층차별, 호모포비아 등을 예로 들 수 있다. 이 이야기에서 시스템 갈등은 무엇인지 묻는다. 그룹으로 인종차별이 과거의 노예제도와 차별, 사회적 불공평과 같은 더 넓은 사회 시스템과 어떻게 연관되어 있는지 그룹으로 토의한다.

• **하위 구조적 갈등**을 설명한다. 하위 구조적 갈등이란 내면화되고 구조화된 억압으로 말미암아 사회적 관습과 규칙, 방침에 시스템적 갈등이 녹아든 것을 의미한다. 학습자에게 이 이야기 속 하위 구조적 갈등은 무엇인지 묻는다. 학교의 규칙, 방침, 관습에 인종차별이 어떻게 적용되는지 그룹으로 토의한다. 학교 교사들은 유색인종 학생을 '문제아'라고 낙인 찍고 백인 학생에 비해 더 혹독한 처벌을 내릴 수 있다. 역사나 문학 책에 유색 인종이나 다른 소외 그룹의 이야기가 적게 실리는 것과 교육과 관련된 인종차별 분리정책, 인종차별주의자였던 인물의 이름으로 학교 이름을 짓는 것이 문제화되지 않는 것도 하위 시스템적 갈등의 대표적인 예이

다.

학습자가 갈등 둥지 이론을 이해했다면, 수를 맞춰 세 팀으로 나눈다. 각 팀을 관계적 갈등, 하위구조적 갈등, 구조적 갈등 단계를 다루는 팀으로 나눈다. 구체적으로 드러난 갈등은 팀 활동을 하기 전에 함께 살핀다. 새로운 시나리오를 읽고 구체적으로 드러난 갈등이 무엇인지 밝힌다. 각 팀은 시나리오에서 각 팀이 받은 단계적 측면에서 갈등 요인을 찾는다. 각 팀에게 막대기 모양 종이를 나눠주고 종이에 찾은 갈등 요소를 적게 한다.

시나리오 예:

고등학교에서 일어난 일이다. 누군가가 소셜 미디어 사이트에 남학생만 가입할 수 있는 비공개 그룹을 만들었다. 남학생 몇몇이 동의 없이 찍은 여성의 나체 사진을 올렸다. 대부분 같은 학교에 다니는 학생을 찍은 것이었다.

팀에게 10분을 주고 종이 막대기에 단계별 관련 요소를 적게 한다. 다음, 모든 팀이 함께 모여 토의한 내용을 나눈다. 팀은 요인을 하나씩 발표하며 바닥에 표시해 놓은 둥지 모델의 해당 단계에 막대기를 놓아가며 발표한다. 이런식으로 구체적인 사건과 연관된 전체 갈등 요인을 표현하는 둥지 그림을 전체가 함께 완성해 나가며 확인한다.

관계적 갈등을 다룬 팀부터 시작한다. 예상 반응은 다음과 같다. "남학생과 여학생이 서로를 대상화했다.", "서로를 사람으로 보지 않고, 폄하하고 존중하지 않았다.", "편견, 선입견, 자동화된 생각을 성찰할 의미 있는 대화를 나누지 않았다."

하위구조적 갈등을 다룬 팀 순서로 넘어간다. 예상 답변은 다음과 같다. '남자는 남자다워야지'라는 태도, 교사가 남학생의 미세공격microaggression이나 비웃는 농담을 간과하거나, 여학생에게만 복장 규칙을 적용하는 것과 같은 학교 내 요인을 예로 들 수 있다.

마지막으로 구조적 갈등 요인을 살핀다. 구조적 갈등 요인을 다룬 팀의 응답은 다음과 같을 수 있다. 사회와 미디어에 만연한 여성혐오, 성차별, 성적 순결주의 강요, 포르노의 영향을 예로 들 수 있다.

단계마다 충분히 이야기할 시간을 주고 다음 단계로 넘어간다. 이 과정을 통해 한 사건이 다층적 갈등 요인을 갖는 현상을 이해할 수 있다.

• **돌아보기**: 둥지를 같이 만들며 문제의 복잡성을 보고 구체적인 사건으로 사회의 여러 가지 복잡하고 깊은 문제를 직면하고 난 후 알게 된 것은 무엇인가? 회복적 정의를 통해 어떻게 구조적 사회 문제를 드러낼 수 있는가? 둥지모델 접근으로 갈등을 이해하는 방식은 회복적 정의에 대한 당신의 이해를 어떻게 바꿨는가? 이 활동이 회복적 실천가인 당신에게 어떤 도움을 주었는가?

• **수확하기**: 범죄나 잘못된 행동은 개인의 사건으로 이해되기보다 뿌리 깊은 사회 불평등과 구조적 불의라는 더 큰 둥지적 관점에서 이해돼야 한다. 회복적 실천가가 피해를 유발한 역사적, 구조적 폭력을 이해하고 다루지 않으면 피해를 온전히 바로잡을 수 없다.

감사의 말

이 책은 많은 뛰어난 회복적 실천가들과의 협력을 통해 탄생했다. 특별히, 우리는 우리의 친구이자 동료인 로라 스니더, 켄 크센코덴, 카린 히킹스의 창의성과 탁월함, 헌신에 감사한다. 콜로라도의 롱먼트 커뮤니티 저스티스 파트너십 공동체와 뉴질랜드 웰링턴의 빅토리아 대학 회복적 정의학과의 다이아나 언원 체어에 감사하다. 이 멋진 공동체는 우리를 지지하고, 우리가 실천가, 진행자, 연구자로 성장하는 데 힘을 북돋아줬다.

우리가 진행한 회복적 과정에 참여했던 사건 당사자들, 피해를 받은 사람들, 자원봉사자들, 경찰, 마을 사람들에게 감사하다. 회복적 과정 참여자들은 우리가 회복적 과정을 더욱 참여적이고 변혁적인 배움으로 전환하는 데 영감을 불어넣어 줬다. 우리는 회복적 접근으로 건강하고 연결된 공동체를 세워가는 전 세계의 모든 선주민들과 우리에게 지속적인 배움을 주는 회복적 실천가, 운동가, 연구자에게 감사하다.

이 책에 도움이 되는 피드백을 준 편집자 바브 토우즈와 8장의 멋진 그림을 그려주고 함께 일하는 기쁨을 준 콜린 맥과이어에게 감사를 전한다.

마지막으로 돌봄, 열정, 신뢰로 이 책의 작업을 할 수 있도록 우리를 지원한 가족과 친구들에게 감사를 전한다.

후주

1장. 도입

1. David Dyck, "Reaching Toward a Structurally Responsive Training and Practice of Restorative Justice," in *Handbook of Restorative Justice*, ed. Dennis Sullivan and Larry Tifft (New York: Routledge, 2008), 527.
2. Fania Davis, *The Little Book of Race and Restorative Justice: Black Lives, Healing, and US Social Transformation* (New York: Good Books, 2019), 35.
3. Davis, *The Little Book of Race and Restorative Justice*, 44.
4. Ibid., 44~45.

2장. 회복적 페다고지

1. 린지 포인터와 캐틀린 맥고이가 이전에 출판한 책 2, 3, 4장 중, "Teaching Restorative Practices through Games: An Experiential and Relational Restorative Pedagogy," *The International Journal of Restorative Justice* 2, no. 1 (2019).
2. John Luckner and Reldan Nadler, *Processing the Experience: Strategies to Enhance and Generalize Learning* (Dubuque, Iowa: Kendall/Hunt Publishing Company, 1992), 12.
3. Paulo Freire, *Pedagogy of the Oppressed* (New York: Continuum, 1970/1993), 53. 『페다고지』 그린비 역간.
4. Belinda Hopkins, "Restorative Justice as Social Justice," *Notting-*

ham Law Journal 21 (2012): 125.

5. Howard Zehr, *The Little Book of Restorative Justice, Revised and Updated* (New York: Good Books, 2015), 48.『회복적 정의 실현을 위한 사법의 이념과 실천』대장간 역간. Gerry Johnstone and Daniel Van Ness, "The Meaning of Restorative Justice," in *Handbook of Restorative Justice*, ed. Gerry Johnstone and Daniel Van Ness (Portland, Oregon: Willan Publishing, 2007), 17. Kristina Llewellyn and Jennifer Llewellyn, "A Restorative Approach to Learning: Relational Theory as Feminist Pedagogy in Universities," in *Feminist Pedagogy in Higher Education: Critical Theory and Practice*, ed. Tracy Penny Light, Jane Nicholas, and Renée Bondy (Waterloo, Ontario: Wilfrid Laurier University Press, 2015), 16. Kay Pranis, "Restorative Values," in *Handbook of Restorative Justice*, ed. Gerry Johnstone and Daniel Van Ness (Portland, Oregon: Willan Publishing, 2007), 65-66.

6. Freire, *Pedagogy of the Oppressed.*『페다고지』그린비 역간.

7. *Ibid.*, 61.

8. bell hooks, *Teaching to Transgress: Education as the Practice of Freedom* (New York: Routledge, 1994), 8.

9. Dyck, "Reaching Toward a Structurally Responsive Training and Practice of Restorative Justice," 527.

10. Dorothy Vaandering, "The Significance of Critical Theory for Restorative Justice in Education," *Review of Education, Pedagogy, and Cultural Studies* 32, no. 2 (2010): 168.

11. Barb Toews, "Toward a Restorative Justice Pedagogy: Reflections on Teaching Restorative Justice in Correctional Facilities," *Contemporary Justice Review* 16, no. 1 (2013): 6.

3장. 경험학습과 회복적 정의

1. Luckner and Nadler, *Processing the Experience: Strategies to Enhance and Generalize Learning*, 3.
2. Michael J. Gilbert, Mara Schiff, and Rachel H. Cunliffe, "Teaching Restorative Justice: Developing a Restorative Andragogy for Face-to-Face, Online and Hybrid Course Modalities," *Contemporary Justice Review* 16, no. 1 (2013): 55.
3. Llewellyn and Llewellyn, "A Restorative Approach to Learning: Relational Theory as Feminist Pedagogy in Universities," 19.
4. Jeremy A. Rinker and Chelsey Jonason, "Restorative Justice as Reflective Practice and Applied Pedagogy on College Campuses," *Journal of Peace Education* 11, no. 2 (2014): 165.
5. Barbara A. Carson and Darrol Bussler, "Teaching Restorative Justice to Education and Criminal Justice Majors," *Contemporary Justice Review* 16, no. 1(2013): 142.
6. Kristi Holsinger, "Teaching to Make a Difference," *Feminist Criminology* 3, no. 4 (2008): 332.

4장. 회복적 배움 공동체

1. Christopher Marshall, "The Evolution and Meaning of the Restorative City Ideal: An Introductory Essay," (unpublished, Victoria University of Wellington, 2016).
2. Jennifer J. Llewellyn and Brenda Morrison, "Deepening the Relational Ecology of Restorative Justice," *The International Journal of Restorative Justice* 1, no. 3 (2018): 346–47.
3. Howard Zehr, *Changing Lenses: A New Focus for Crime and Justice* (Harrisonburg, Virginia: Herald Press, 1990), 268. 「우리시대의 회복적 정의」 대장간 역간.
4. Davis, T*he Little Book of Race and Restorative Justice*, 18.

5. Kristina R. Llewellyn and Christina Parker, "Asking the 'Who': A Restorative Purpose for Education Based on Relational Pedagogy and Conflict Dialogue," *The International Journal of Restorative Justice* 1, no. 3 (2018): 401.

6. bell hooks, *Teaching Community: A Pedagogy of Hope* (New York: Routledge, 2003), 109.

7. *Ibid.*

8. Lindsey Pointer, "Justice Performed: The Normative, Transformative, and Proleptic Dimensions of the Restorative Justice Ritual," (PhD dissertation, Victoria University of Wellington, 2019).

9. Victor Turner, *The Ritual Process: Structure and Anti- Structure* (Chicago: Aldine Publishing Company, 1969).

10. Victor Turner, *From Ritual to Theatre: The Human Seriousness of Play* (New York: Performing Arts Journal Publications, 1982).

11. Walter Crist, Alex de Voogt, and Anne-Elizabeth Dunn- Vaturi, "Facilitating Interaction: Board Games as Social Lubricants in the Ancient Near East," *Oxford Journal of Archaeology* 35, no. 2 (2016): 179.

12. J. Tuomas Harviainen and Andreas Lieberoth, "Similarity of Social Information Processes in Games and Rituals: Magical Interfaces," *Simulation & Gaming* 43, no. 4 (2012): 529.

13. J. Tuomas Harviainen, "Ritualistic Games, Boundary Control, and Information Uncertainty," *Simulation & Gaming* 43, no. 4 (2012): 523–33.

5장. 가르침을 위한 준비

1. Carl Rogers, "The Necessary and Sufficient Conditions of Therapeutic Personality Change," *Journal of Consulting Psychology* 21, no. 2 (1957): 95–103. doi: 10.1037/h0045357

2. Annie O'Shaughnessy, "Transforming Teaching and Learning through Mindfulness-Based Restorative Practices," in *Getting More out of Restorative Practices in Schools*, ed. Margaret Thorsborne, Nancy Riestenberg, and Gillean McCluskey (London: Jessica Kingsley Publishers, 2019), 149.

3. Toews, "Toward a Restorative Justice Pedagogy: Reflections on Teaching Restorative Justice in Correctional Facilities," 21–23.

4. Toews, "Toward a Restorative Justice Pedagogy," 22.

5. *Ibid.*

6. *Ibid.*, 23.

7. Brian Arao and Kristi Clemens, "From Safe Spaces to Brave Spaces: A New Way to Frame Dialogue Around Diversity and Social Justice," in *The Art of Effective Facilitation: Reflections from Social Justice Educators*, ed. Lisa M. Landreman (Sterling, VA: Stylus, 2013), 143-148

8. *Ibid.*,142.

9. hooks, *Teaching Community: A Pedagogy of Hope*, 132.

10. *Ibid.*, 28-29.

11. *Ibid.*, 27-30, 64.

12. Daniel Siegel, *The Developing Mind: How Relationships and the Brain Interact to Shape Who We Are*, 2nd ed. (New York: Guilford Press, 2012), 281-283.

13. hooks, *Teaching Community: A Pedagogy of Hope*, 143.

6장. 회복적 정의를 경험중심 활동으로 가르치기

1. Edward Taylor, "Transformative Learning Theory," *New Directions for Adult and Continuing Education* 2008, no. 119 (2008): 13. doi: 10.1002/ace.301

7장. 활동 중심 수업과 연수 설계하기

1. hooks, *Teaching Community: A Pedagogy of Hope*, 14.

8장. 공동체를 위한 놀이와 활동

1. Ted Wachtel, "Defining Restorative" (illustration: Social Discipline Window), International Institute for Restorative Practices, 2016, accessed June 17, 2019, https://www.iirp.edu/defining-restorative/social-discipline-window.

2. 저자와 친한 친구이자 동료인 로라 스니더와 켄 크센코덴이 '얼굴이 달라져요' 활동을 우리에게 소개해 줬다. 이 활동을 하는 동안 진행자의 얼굴 표정과 몸짓이 화자가 점점 깊은 속내를 털어놓을 때 바뀌는 것을 착안해 활동의 이름을 '얼굴이 달라져요' 로 지었다.

3. 프로그램에서 한 우리들의 약속과 그룹의 진행 기술에 따라 놀이의 난이도를 결정한다

4. Maire Dugan, "A Nested Theory of Conflict," *A Leadership Journal: Women in Leadership-Sharing the Vision* 1, no. 1(1996): 9-20, https://emu.edu/cjp/docs/Dugan_Maire_Nested-Model-Original.pdf.